中国浦东干部学院城市治理与危机管理研究中心2023年上海市哲学社会科学课题：深化全过程人民民主的基层实践创新研究（2023EZZ004）

中国社科

社区治理云平台研究

基于价值与用户持续使用

梁　丽◎著

光明日报出版社

图书在版编目（CIP）数据

社区治理云平台研究：基于价值与用户持续使用 / 梁丽著. -- 北京：光明日报出版社，2025. 1. -- ISBN 978-7-5194-8478-1

Ⅰ. C916. 2-39

中国国家版本馆 CIP 数据核字第 202581W4K9 号

社区治理云平台研究：基于价值与用户持续使用

SHEQU ZHILI YUNPINGTAI YANJIU: JIYU JIAZHI YU YONGHU CHIXU SHIYONG

著　　者：梁　丽

责任编辑：史　宁　　责任校对：许　怡　李海慧

封面设计：中联华文　　责任印制：曹　诤

出版发行：光明日报出版社

地　　址：北京市西城区永安路 106 号，100050

电　　话：010-63169890（咨询），010-63131930（邮购）

传　　真：010-63131930

网　　址：http://book.gmw.cn

E - mail：gmrbcbs@gmw.cn

法律顾问：北京市兰台律师事务所龚柳方律师

印　　刷：三河市华东印刷有限公司

装　　订：三河市华东印刷有限公司

本书如有破损、缺页、装订错误，请与本社联系调换，电话：010-63131930

开　　本：170mm×240mm

字　　数：174 千字　　印　　张：13. 5

版　　次：2025 年 1 月第 1 版　　印　　次：2025 年 1 月第 1 次印刷

书　　号：ISBN 978-7-5194-8478-1

定　　价：89. 00 元

前　言

自2006年启动信息化发展战略以来，社区治理云平台在城市社区蓬勃发展起来。“互联网+社区”行动计划的实施也加快了互联网与社区治理的深度融合。通过网络平台搭建基层公共生活空间，引导居民公共参与，构建以社区治理云平台为载体的现代化社区已经成为社区发展的焦点。社区治理云平台运作的好坏直接关系着社区公共服务的供给水平与公共参与渠道的完善。现有的研究已经从宏观层面对“互联网+社区治理”的内涵、形式、价值与发展路径进行了研究，但是关于网络使用对社区治理影响的实证论证还比较少，对社区治理云平台的用户特征、需求状况与用户行为分析还比较薄弱。因此，本书将把研究重心放在把握互联网的使用对社区产生的真实影响上，剖析社区居民的价值观倾向与需求层次，构建起以社区居民需求为中心的公共网络平台，提升社区线上服务平台的适用性与活跃度。本书研究的核心问题有三个：一是社区治理云平台对于社区治理具有什么样的价值？线上平台的使用对社区治理产生了什么样的影响？二是社区居民的需求是什么，会对社区公共参与产生什么样的影响？三是如何完善社区治理云平台，保持平台的活跃度与用户的持续使用意愿？

针对第一个问题，本研究先基于社区治理难题对社区治理云平台的价值与作用路径进行理论分析，然后结合CGSS2015的数据进行实证分析，验证互联网的引入对社区治理产生的影响，从理论与实证两个层面对网络平台的真实影响进行探讨。针对第二个问题，本研究基于后物质主义价值观理论对居民价值观、需求状况及其对社区网络参与的影响进行研究。针对第三个核心问题，本研究先通过文献梳理出信息系统的用户使用分析模型，再结合社区治理云平台的用户特征与用户需求情况对模型进行拓展和补充，构建起社区治理云平台的持续使用模型，并通过统计分析对相关假设进行验证，探讨各要素对居民使用行为的影响及其作用路径，为社区治理云平台的完善提供建议。

基于以上三个核心问题的研究，本书主要得出如下结论：（1）社区治理云平台在破解社区治理难题中发挥着重要的作用。网络平台的开发与应用推动了社区公共领域的发展和公共精神的觉醒，引领社区居民从“独自打保龄球”走向公共能量场，还提升了公共服务供给的智能化、精准化。（2）互联网的引入在促进基层公共领域构建的同时还产生了一些负面影响。整体看来，互联网的使用对社区公共领域构建、共同体意识培养与社区公共参与均具有显著的促进作用。但是，互联网本身也可能产生一些与预期不符的影响，如居民上网频率与居民规范化参与渠道存在显著的负向影响。互联网的使用促进了居民平等、权利、自由、民主等公民意识的提升，但是也对居民的社区信任、社区互惠行为和规范化参与产生了负面影响，网络平台的使用挤压了实体参与渠道，这是网络本身的匿名性和开放性决定的。（3）社区治理云平台的用户需求对社区网络参与具有显著的促进作用。我国城市社区网络参与受到匮乏性需求、关系需求与自我实现需求的多重影响，这与社会转型期多种价值观与需求层次叠加的社会结构相符。居民需求越强烈，社区网络参与越频繁，但是不同需求层次对社区网络参与的影响差异不明显，三种需求可以同时起作用。这与信息社会中社区公共网络服务的业务模块密切相关，社区治理云平台的综合性与服务模块延展吸纳了各个需求层次的居民群体，居民需求越旺盛，公共网络参与越积极。(4) 社区治理云平台的持续使用受到用户需求、外在环境、网络外部性、用户期望确认度、服务系统质量等多项要素的影响。社区治理云平台的网络外部性越强，用户持续使用越频繁。需求越高的人对社区治理云平台的使用越频繁，并且用户自身的技术接受度、参与意愿等内在特征要素对用户需求与持续使用行为之间的关系具有显著的正向调节作用。居民对网络平台的接受度和使用频率越高，未来持续使用的意愿也越强，两者的关系受用户内在特征要素和外在环境要素的双重调节。用户期望确认度对用户持续使用行为具有积极的影响，且这种影响是通过用户满意度来发挥作用的。服务系统质量对用户持续使用具有积极的影响，这种影响受到用户内在特征要素与满意度的双重中介作用。

本书完善了社区治理云平台的相关理论与实证分析，能够更准确地把握互联网在社区治理中的作用及其影响路径。以后物质主义价值观的视角对社区治理云平台用户的需求层次、价值倾向与网络参与行为之间的关系进行检验，拓宽了后物质主义价值观的应用领域，丰富了社区治理云平台的研究视角。将需求要素纳入社区治理云平台持续使用模型的构建，提升了用户持续使用模型的科学性与解释力。同时，本书还对相关要素对用户持续使用的影响进行了验证，为社区治理云平台的完善提供了方向。

目　录

CONTENTS

第一章

绪 论

第一节 互联网时代的社会治理创新

互联网的普及与相关应用平台的开发为社区治理现代化和社区服务精准化提供了新工具。截至 2019 年 6 月，我国网民规模达到 8.54 亿，互联网普及率达 61.4%，手机网民规模达到 8.47 亿，网民使用手机上网的比例达到 99.1%；农村网民总量达到了 2.25 亿，城镇网民规模总数达到了 6.3 亿，占据网民整体的 73.7%。① 截至 2016 年 1 月，国内 70 个大中城市都在不同程度地通过政务 APP 来向公众提供信息和服务，政务 APP 总数共计 316 个，服务内容涉及公民生活领域的众多方面。② 2019 年 6 月的相关统计报告显示，我国网民中即时通信的用户规模达 8.25 亿，搜索引擎用户总量达 6.95 亿，网络新闻用户规模达 6.86 亿，

① 中共中央办公厅，国务院办公厅．中共中央办公厅、国务院办公厅印发《关于加强和改进城市社区居民委员会建设工作的意见》［EB/OL］. 中国政府网，2010-11-09.

② 张冬平．网络参与：居民参与社区治理的新途径［J］. 电子政务，2011（3）：125-129.

手机网络新闻用户规模达到了6.6亿，购物用户规模达到了6.39亿，外卖用户总量约为4.21亿，在线旅行预订的网民约为4.18亿，使用网约车的用户达3.37亿，使用网络在线教育的网民群体达到了2.32亿。其中我国在线政务服务平台的用户规模达到了5.09亿，占网民整体的59.6%。目前，已经有297个地级行政单位开通“两微一端”等新闻媒体传播渠道，覆盖率达88.9%。各行政级别政府网站共开通服务栏目数量达25.5万个，主要涉及信息公开、网上办事和政务动态三大类别，其中有关信息公开类别的栏目为17.3万个，占据了67.7%，有关网上办理事务类的栏目和有关政务动态类的栏目分别占了15.35%和13.5%。在微信城市服务方面，截至2019年6月，微信城市服务累计用户达到了6.2亿，互联网线上服务平台的开发为各类城市服务提供了载体。①

“互联网+”在社区治理中快速推广。我国较早开始了社区信息化建设，并提出了“互联网+社区治理”的发展理念，先后颁布了一系列政策和指导意见，为社区综合服务的现代化提供了有力的政策扶持和财力支持。2006年中共中央印发了《2006—2020年国家信息化发展战略》，并在发展战略中指出，“社区信息化建设是我国信息化发展的战略重点之一”②，明确了我国基层社区信息化建设的战略定位和发展方向。2011年12月国务院出台了《社区服务体系建设规划（2011—2015年）的通知》，明确提出推动社区公共服务综合信息平台建设。③全国各级地方政府都开始了积极的社区信息化探索，完善基层社会的信息化

① 中国互联网络信息中心．第44次中国互联网发展状况统计报告［R/OL］．中国互联网络信息中心，2021-09-01.

② 中共中央办公厅，国务院办公厅．2006—2020年国家信息化发展战略［EB/OL］．中国政府网，2006-03-19.

③ 国务院办公厅．国务院办公厅关于印发社区服务体系建设规划（2011—2015年）的通知国办发〔2011〕61号［EB/OL］．中央政府门户网站，2011-12-29.

基础设施，尝试通过各种信息化手段满足居民需求，优化社区公共服务，发挥社区治理云平台在沟通、服务、参与等方面的重要功能，提高基层社会的整体信息化水平。2013 年民政部出台了关于社区公共服务平台建设的指导意见并提出：“社区公共服务综合信息平台原则上在市（地、州、盟）层级建设和部署，主要在街道（乡镇）层级统一应用，避免各层级重复建设、资源闲置。”① 2014 年民政部颁发了《社区公共服务综合信息平台基本规范》，就如何进行社区信息资源整合，完善社区公共服务平台以及社区信息标准化建设提出指导意见。② 2015 年，“互联网+”行动计划在两会上被正式提出，并被定位为国家战略。2016 年国家十二部委联合出台了“互联网+政务服务”实施方案，信息惠民工程正式启动，各级政务部门开始积极探索如何简化公共服务流程，提升公众满意度③，互联网+信息惠民工程开始在全国范围内如火如荼地展开。2017 年国务院颁布了《关于加强和完善城乡社区治理的意见》，并在该指导意见中强调：要依托“互联网+政务服务”相关重点工程，加快城乡社区公共服务综合信息平台建设，实现一号申请、一窗受理、一网通办，强化“一门式”服务模式的社区应用。实施“互联网+社区”行动计划，加快互联网与社区治理和服务体系的深度融合，运用社区论坛、微博、微信、移动客户端等新媒体，引导社区居民密切日常交往、参与公共事务、开展协商活动、组织邻里互助，探索网

---

① 中华人民共和国民政部．关于推进社区公共服务综合信息平台建设的指导意见［EB/OL］．中华人民共和国民政部网，2013-11-25.

② 中华人民共和国民政部．社区公共服务综合信息平台基本规范［EB/OL］．中华人民共和国民政部网，2014-10-30.

③ 国务院办公厅．国务院办公厅关于转发国家发展改革委等部门推进“互联网+政务服务”开展信息惠民试点实施方案的通知，国办发〔2016〕23 号［EB/OL］．中国政府网，2016-04-26.

络化社区治理和服务新模式。[①] 这些社区信息化政策的陆续出台为智慧社区的建设提供了有力支持，社区网络平台建设受到越来越多的重视。

现代化的社区治理云平台建设是推进社区治理现代化的重要基础。社区治理云平台依托信息化手段和标准化建设，整合公共服务信息资源，采取窗口服务、电话服务和网络服务等形式面向居民提供基本公共服务。[②] 社区公共事务的办理需要依托社区治理云平台进行沟通处理，整合社区现有信息网络资源和社区服务需求，建设一体化的公共服务网络，全面支撑社区管理和服务工作。[③] 自社区信息化建设的相关政策颁布以来，在优化社区线上服务方面全国不同地区都进行了不同形式的探索，尤其在信息技术发达、资金雄厚的大中城市，如深圳、上海、广州、北京、青岛、杭州、福州等都率先进行了网络服务平台的开发与应用。以北京为例，北京市西城区广内街道构建了“智慧社区”社会服务管理平台，服务内容涉及智慧中心、智慧政务、智慧商务、智慧民生四大部分，共计 14 个子系统。上海第一个智慧社区建设试点浦东金桥碧云一期已经实现了智能家庭终端、金桥碧云卡、社区信息门户网站、云计算中心四大基础项目，可以提供更加便捷的信息查询、线上办理、线上支付与预约等功能。“互联网+”催生了大量的社区网络服务平台，这些虚拟网络平台改变了以往社区居民参与公共事务的方式，成为体制

---

① 中共中央办公厅，国务院办公厅．中共中央国务院关于加强和完善城乡社区治理的意见［EB/OL］．人民网，2017-06-12.

② 中华人民共和国民政部．关于推进社区公共服务综合信息平台建设的指导意见［EB/OL］．中华人民共和国民政部网，2013-11-25.

③ 中共中央办公厅，国务院办公厅．中共中央办公厅、国务院办公厅印发《关于加强和改进城市社区居民委员会建设工作的意见》［EB/OL］．中国政府网，2010-11-09.

外居民参与社区治理的重要通道[①]，基层社会的公共参与意识也被激发出来。[②] 整体看来，社区信息化建设与网络化治理已经逐渐成为基层政府提升社区治理成效和优化社区服务质量的主要抓手。[③] 例如，杭州市上城区率先搭建的“二化四网六平台”、宁波江北区建立的“互联社区”等，皆是利用现代化的网络技术与社区治理平台相结合，整合基层信息资源，衔接线下社区服务，打造政府、社区、物业、居民交流及时互动的线上虚拟服务平台。[④]

但值得注意的是，在全国社区信息化建设如火如荼的浪潮中，当下的社区公共生活依然面临着居民公共参与乏力、“独自打保龄球”、公共领域式微、集体行动困难、信息共享困难、平台采纳困难、使用效率偏低等难题。社区治理云平台在社区治理中发挥服务功能是以居民的广泛参与和使用为前提的。公共议题的生成、讨论、形成共识需要居民基于自愿基础上的互动、妥协并达成集体行动，现代化社区的建设不能仅依托技术平台搭建公共场域，还需要培养社区参与主体的公共精神与共同体意识，克服推广阻力，提升平台利用率。

第二节　互联网时代社区治理的主要难题

如上所述，全国各级城市的社区信息化建设都在如火如荼地进行

① 张冬平．网络参与：居民参与社区治理的新途径［J］．电子政务，2011（3）：125-129.

② 陈朋．互惠式治理：社区治理的日常运作逻辑［J］．江苏社会科学，2014（5）：97-104.

③ 郑杭生，黄家亮．当前我国社会管理和社区治理的新趋势［J］．甘肃社会科学，2012（6）：1-8.

④ 毛思洁，蒋静．网上互联网下划格“江北模式”为社区治理探新路［J］．宁波通讯，2012（22）：14.

中，如何利用互联网的技术优势，提升社区服务、创新社区治理路径成为信息化时代社区治理的焦点问题。针对这一现象本书将集中探讨三个核心问题。一是互联网的普及与线上社区治理云平台的应用是否真实提升了社区公共参与，优化了社区治理格局？关于这个问题，本书将从理论研究与实证分析两方面来进行论证。二是当下社区居民的需求有哪些？这些需求会对社区网络参与产生什么样的影响？三是如何以居民需求为导向完善社区治理云平台，提升社区治理云平台的使用率？本书的研究重心主要集中在三个层面。一是为什么。本书从理论分析与实证分析相结合的方式对社区治理云平台的重要性与价值做出论证。二是用户需求把握。即对社区治理云平台的用户需求要素进行分析，通过后物质主义价值观理论与需求分层理论，系统把握社区居民需求以及不同需求对居民网络参与的影响。三是怎么样。就是在系统分析了社区居民需求状况，确定了用户需求对居民网络参与的重要影响以后，将需求要素纳入社区治理云平台用户持续使用模型，从用户需求、用户特征、期望确认与系统质量等方面不断完善公共信息平台，提升居民的使用意愿，进而提升整个平台的活跃度与利用率。在研究过程中，本书将信息系统理论、后物质主义价值观理论、外部性理论、公共空间理论、用户满意度理论、期望确认理论等多个学科领域的理论都纳入研究中来，拓宽社区问题的研究方法与分析问题的视角。采用理论论证结合实证分析的方式，保证研究的科学性，减少理论与实践之间的偏离。本研究主要采用相关分析、多元线性回归、广义可行最小二乘法等对相关假设进行验证，并采用 logit 回归、robust 回归、负二项式回归、泊松回归等方式对研究的稳健性进行检验，减少调研数据可能存在的偏误，保证研究结果的可靠性。主要的统计工具为 SPSS21.0 与 STATA14.0。

围绕这三个核心问题，本书将研究的重心聚焦如下四方面。

一是社区治理云平台对于基层治理价值的探讨。

本书要讨论的核心内容之一是社区治理云平台在社区治理中的价值分析。关于社区信息化发展的价值，学界从技术层面、效率层面、服务优化层面都做了探讨，但是这些探讨大多是宏观的、总结性的。当下社区治理面临着公共参与冷漠、公共精神不足、居民满意度低、治理制度体系不完善等问题，对社区治理云平台的价值考察需要基于现实需求进行。因此，关于社区治理云平台的价值研究，本书先从当下社区治理面临的难题及其衍生机理入手，深入分析社区治理现状。在理清社区治理难题的衍生根源之后，本书从信息公开、基层民主参与、公共领域构建、公共资源共享、公权与私权的制衡等角度对社区治理云平台的价值进行横向分析。同时，围绕社区难题衍生的根源，本书还对社区治理云平台如何破解社区治理难题的路径进行阐释，探讨社区治理云平台在克服社区治理难题、突破治理瓶颈方面的价值与功能。

二是网络平台的使用对于社区治理的实际影响。

本研究的第二个核心问题在于从实证方面验证线上平台的使用对社区治理的价值，了解网络的引入对社区治理的真实影响，以明确在现代化社区建设中社区治理云平台的战略定位与风险预警。以往的研究大多基于文献资料和相关案例对网上平台及其推广进行定性研究，研究结果存在一定的主观性和不确定性。本书基于 CGSS2015 年的数据，对网络平台的使用对社区治理产生的正面与负面影响进行实证分析，为社区信息化的战略定位与推广提供有力的数据支持。

三是社区网络平台的用户需求分层及其影响。

本书要探讨的第三个核心问题是社区居民需求对网络参与的影响。针对目前社区治理云平台存在的活跃度低、使用率低、大量潜在用户未采纳线上服务等问题，本书通过理论假设与实证分析相结合的方式，从居民需求分层、居民价值观的角度把握居民社区网络参与行为的规律。通过数据分析，发现持有不同价值观的居民和具有不同需求的居民在社区网络参与意愿方面存在差异。尽管在用户采纳行为方面学界已经有了丰富的研究成果，但是以后物质主义价值观为分析视角对社区居民网络参与意愿的探讨还非常少。本书引入了居民价值观研究视角，通过数据分析，验证了居民价值观在居民需求层次与社区网络参与之间发挥着重要的调节作用。这不仅仅是从技术水平方面考察用户对新平台的采纳问题，更多的是探讨当下中国城市社区居民的价值观倾向与相应的需求倾向，这两个要素关系着社区的公共精神培养与公共领域构建，对现代化社区的构建具有重要的价值。

四是社区网络平台的持续使用研究。

在明晰了网络平台的价值与用户需求之后，本书最后探讨的问题是怎么做，即如何提升居民对社区治理云平台的持续使用行为和利用率。社区信息化建设是一个动态的、整体推进的过程，社区治理云平台可以为居民提供不同层次的服务，如信息资源共享、线上信息沟通、公共事务办理与公共参与等。不同居民群体受用户需求要素、内在特征要素、外在环境要素、用户期望与服务质量评价等多重因素的影响，在初始采纳行为和持续使用行为上也表现出不同的意愿。本书采用理论模型与实证研究结合的方法，通过构建社区治理云平台用户持续使用模型，识别和验证相关要素的影响，为完善线上平台设计和优化线下居民的使用体验提供理论指导。

第三节　研究价值

一、应用价值

自2006年国家颁布信息化发展战略以来，社区综合信息平台、社区智慧服务中心、基层大数据中心等逐渐建立起来，互联网与社区治理的融合越来越紧密，越来越多的基层社区运用网络论坛、“两微一端”等新渠道引导社区居民参与公共事务，探索网络化社区治理和服务新模式。[①] 构建起以社区治理云平台为载体的社区公共参与中心已经成为社区治理现代化的重要工具，社区治理云平台运作的好坏直接关系着社区公共服务的供给水平与社区居民的公共参与水平。把握社区治理的关键难题，了解社区居民的需求倾向与价值追求，拓宽社区公共参与渠道并保持社区治理云平台的使用效率具有重要的现实意义。本书以化解社区治理的现实难题为导向，以提升社区治理云平台的用户使用率为研究目标，具有以下两方面的现实意义。一方面，本书对社区治理云平台的价值与作用路径进行系统分析，通过实证检验验证了互联网的引入对社区治理的正面与负面影响，为城市基层社区互联网技术的引入与社区治理云平台的建设提供理论依据；另一方面，本书从社区治理云平台采纳前、使用体验以及后续使用意愿三个阶段对影响用户使用行为的因素进行分析，得到了一个多重影响要素的用户持续行为分析框架，提升了研究的科学性与系统性。同时，本书还对用户自身特征要素、外在环境要素、用户需求以及使用体验等可能影响平台持续使用的要素进行分析，能够更加准确地把握居民的行为目标与需求意愿，找到社区治理云平台推广过程中的重点、难点，为提升社区治理云平台的使用效率和公众满意度提供理论指导。

二、理论价值

第一，本书完善了社区治理云平台的相关理论与实证分析，能够更

① 中共中央办公厅，国务院办公厅．中共中央国务院关于加强和完善城乡社区治理的意见［EB/OL］．人民网，2017-06-12.

准确地把握互联网在社区治理中的作用及其影响路径。信息系统用户采纳的相关研究模型大多从国外引入，有关用户采纳与持续使用的拓展模型也大多应用于电子政务、电子商务、移动客户端APP以及图书管理系统等领域，将用户持续采纳行为的理论模型应用到准公共物品供给的社区网络平台还较少。本书丰富了这一领域的实证研究，并通过量化分析的方法提升了研究结论的科学性。

第二，本书尝试以后物质主义价值观的视角对社区治理云平台用户的需求层次、价值倾向与网络参与行为之间的关系进行检验，拓宽了后物质主义价值观的应用领域，丰富了社区治理云平台的研究视角。结合社区居民的需求特征与社区信息服务的特殊性，本书拓宽了持续使用理论模型的应用领域，也丰富了社区治理云平台的研究方法。

第三，本书还将需求要素、用户特征要素、外在环境要素、平台外部性等具有影响作用的要素纳入社区治理云平台持续使用模型中，更大程度地贴合复杂的社会生态，提升了用户持续使用模型的科学性与解释力。同时，本书还对相关要素对用户持续使用的作用方式进行检验，为社区治理云平台的完善提供方向。

第二章

文献综述与相关理论

第一节　相关理论与研究基础

一、“互联网+”的价值与应用研究

（一）互联网+在政务领域的应用

“互联网+政务”服务不仅是一项系统的惠民工程，也是国家现代化治理中的重要组成部分，它将先进的互联网技术、思维和理念融入政务服务系统内，利用网络平台多的优势创新服务形式，保证惠民服务的“方便快捷、优质高效、公平普惠”①。2016 年 4 月 14 日，国务院办公厅转发了国家发展改革委等部门提出的《推进“互联网+政务服务”开展信息惠民试点实施方案》，互联网技术与惠民工程建设的融合程度不断加深，网络服务平台不断升级，各级行政部门积极推进城市信息惠民

① 张劲松．标准化：“互联网+政务服务”的顶层制度设计［J］．中国行政管理，2016（7）：8.

工程建设，采用"一号一窗一网"通办的形式来高效解决政务服务过程中"信息不对称、群众来回跑路、反复交材料"等问题，全国80个信息惠民试点城市结合自身的基础和特点开展了丰富的探索。比较典型的试点工程如福建省在电子证照库的基础上创建了"一号式"惠民服务形式，深圳市基于家园网对政务服务进行"一网式"通办，广州市通过"一窗式"服务的方式集中处理群众事务。这些惠民工程很大程度上提高了公共服务的效率和群众满意度，成为信息社会服务创新的范本。① 随着互联网+政务服务平台的推广和应用，关于社区治理云平台的相关研究也日渐丰富，越来越多的学者希望以技术创新为突破口创新服务形式，优化公共服务供给。例如，我国学者张成福认为，"互联网+政务"就是信息技术在政府治理和政务服务方面的开发和应用，随着信息技术与政务服务彼此嵌入的程度不断加深，网络平台也在不断提升为民服务的效率和质量。② 汪玉凯、赵国俊等学者认为"互联网+政府治理"将互联网的信息技术优势、共享思维优势应用到政府治理中，为政府业务流程重组和治理形式变革做出新的突破。③ 罗晓佳认为网络时代政府利用互联网信息和通信技术进行政务服务是国家政务治理能力的一个重要标志。④ 王帅与崔俊海提出不同层级的国家政务部门应以信息网络平台为载体，以政府职能划分为架构，以信息惠民为设计理念，凭借大数据、云计算、物联网等先进技术手段对基层社会进行透明、高效、便捷、协同的治理。⑤ 互联网在提升政府治理能力和服务能力的同

① 宁家骏．推进"互联网+政务服务"深化信息惠民试点建设［J］．电子政务，2016（5）：83-88.

② 张成福．电子化政府：发展及其前景［J］．中国人民大学学报，2000（3）：4-12.

③ 汪玉凯．"互联网+政务"：政府治理的历史性变革［J］．国家治理，2015（27）：11-17.

④ 罗晓佳．"互联网+"时代的电子政务安全保障［J］．通讯世界，2017（1）：76-77.

⑤ 王帅，崔俊海．电力需求侧管理中的沟通机制探讨［J］．中国新技术新产品，2015（4）：17-22.

时还显著提升了行政单位的回应性与互动频率①，网络技术的公共属性在国家治理语境中发挥着越来越重要的作用。② 一方面，互联网技术在硬件上拓展了政府的服务范围，丰富了服务内容；另一方面，线上服务平台还在服务理念、服务供给模式和配套保障机制上重塑着现代政府③，开创了一些线上参与的新形式。例如，部分公民通过新浪微博发起的“网络问政”，以一种混合型的“共同民主治理”方式发挥了多种力量的共同参与作用，培养了公民的理性精神，最终促成微博社区共同体的形成。④ 上海市以“上海发布”为平台，通过微信、微博等移动客户端的形式将简化为民服务流程，将基层民众关心的议题放到网络平台上协商讨论，克服了公共参与成本和信息反馈的时空限制，各级行政单位能够随时随地与群众进行沟通，塑造了公开透明、便捷高效的阳光政府形象。⑤ 山东诸城也在信息化建设方面进行了有益的探索，以网格化治理为基础对基层治理网络进行系统设计，基层治理的各类信息、事务处理、反馈回应情况都可以在网上跟进，搭建起全市统一、联通共享的社会综合治理信息系统。⑥

---

① 孟天广，李锋．网络空间的政治互动：公民诉求与政府回应性——基于全国性网络问政平台的大数据分析［J］．清华大学学报（哲学社会科学版），2015，30（3）：17-29.

② 查德威克．互联网政治学：国家、公民与新传播技术［M］．任孟山，译．北京：华夏出版社，2010.

③ 宋林丛，鲁敏．国内智慧政府相关研究综述（2005—2015）［J］．现代经济信息，2016（16）：122-125.

④ 艾明江．共同民主治理：互联网社区治理分析——以新浪微博社区为例［J］．电子政务，2014（8）：76-82.

⑤ 郑磊，王栋，王玥，等．上海市政务微信发展：分析与启示［J］．电子政务，2014（10）：16.

⑥ 王瑞华．互联网+社区治理创新：内涵、特征与路径［J］．南昌大学学报（人文社会科学版），2018，49（1）：61-66.

（二）“互联网+”在社区治理中的应用

“互联网+”在社区治理中的应用体现为社区信息化建设的推进和社区公共服务网络平台的建设。“互联网+社区治理”是网络信息技术在社区领域中的应用，是基层社区服务方式的革新，也是共建共享思维在社区治理中的引入。它以先进的网络技术平台为支撑，以社区服务的合作网络建构为途径，以共治、共建、共享为机制，以提升社区智慧服务为抓手，积极推进社区治理的转型与升级。① 我国学者徐家良认为，“互联网+社区治理”一方面实现了“多中心治理”与“互联网+”社区治理的完美契合，形成多中心的治理网络②；另一方面，通过信息技术在社会治理和政治参与中的应用，社会治理效率得到提升。③ 沈士光等学者以上海市金山区朱泾镇为研究对象，对社区线上服务平台进行研究发现，基层线上服务平台的主要价值集中在直接民主参与、有序治理和优化基层工作作风等方面。④ 何继新、李原乐等人在分析“互联网+”与社区治理的关系时指出：通过互联网、云计算、物联网等信息技术，“互联网+”可以有效提高社区公共服务的供应效率。通过深入挖掘现有的民生数据，能够更智慧地把握居民偏好与现实需求，搭建供需信息双向对接平台，提升社区服务的精准化，满足居民日益复杂的个性化需求。⑤ 依托互联网思维和线上服务平台，可以对传统的服务供给模式进行革新，转变滞后的公共服务供给方式。互联网思维和市场力量的使用

---

① 王瑞华．互联网+社区治理创新：内涵、特征与路径［J］．南昌大学学报（人文社会科学版），2018，49（1）：61-66.

② 吴磊，徐家良．多中心治理视野下第三部门 GDP 核算制度研究［J］．学习与实践，2016（2）：80-86.

③ 刘永谋．技术治理的逻辑［J］．中国人民大学学报，2016，30（6）：118-127.

④ 沈士光，魏苗苗．“互联网+”的基层治理应用：以上海市金山区朱泾镇治理经验为例［J］．哈尔滨工业大学学报（社会科学版），2016，18（1）：33-40.

⑤ 何继新，李原乐．“互联网+”背景下城市社区公共服务精准化供给探析［J］．广州大学学报（社会科学版），2016，15（8）：64-68.

将有助于打破传统公共服务供给结构中的“政府孤岛”格局，引入更多的公共服务供给主体，使不同主体之间相互制衡，并通过信息技术提供硬件保障和更灵活的资金来源组合。[①] 随着信息社会的迅速演变与发展，越来越多的社区服务客户端被开发应用，互联网与社区治理的嵌入程度不断加深，许多基层社区开通了政务微信公众号、社区网站、社区微博、智慧社区 APP 等网络服务工具，以此推动并深化社区主体治理的“草根实践”。这体现了以线上服务平台为重要媒介、以居民为社区治理主体的发展趋势与巨大潜力，传统社区治理中的“少数者决策”及居民主体性“稀释”的失衡格局正在逐渐发生转变。[②]

（三）“互联网+”在其他领域中的应用

“互联网+”在实践中呈现出多种类型，除了“互联网+政务”“互联网+商务”“互联网+社区治理”等信息惠民工程的核心板块之外，智慧城市、智慧社区、智慧教育、“互联网+教育”“互联网+医疗服务”等诸多创新形式也不断涌现[③]，互联网的应用领域覆盖了交通、医疗、教育、社会等众多服务领域。根据中山大学 2017 年发布的《移动政府服务报告（2017）》，直到 2017 年 11 月，全国 70 个大中城市启动了 514 个移动政务应用客户端，服务范围覆盖了交通、社会保障、民生服务、旅游等众多的领域。和 2015 年相比较可以发现，应用程序总量增长了 62.7%，下载总量增长了 51.7%。其中，综合类政务 APP 显著增加，移动政务已经从单一领域逐步转变为一站式综合服务。这份报告还显示，全国共有 364 个市、县启动了支付宝的“城市服务”项目，依

① 闫东玲，游英，刘俊，等．“互联网+”背景下公共服务供给模式创新［J］．沈阳工业大学学报（社会科学版），2016，9（4）：325-329.

② 孙璇．网络新媒体时代社区主体治理的“草根实践”与治理体系构建［J］．江汉大学学报（社会科学版），2017，34（6）：51-56.

③ 刘烈宏．试论电子政务、电子商务、电子社区的相互关系与作用［J］．科学学与科学技术管理，2008（4）：63-65.

靠支付宝的实名制、身份验证和风险防控机制来保障政府服务的线上供给。截至2017年9月，支付宝的政务服务涵盖了12大类，包括社会保障、交通、警务和民政等。服务类别达到100项，与2016年的服务事项相比，总量增长78.6%，已经为超过2亿的民众提供服务。① 浙江省率先在“互联网+法治服务”方面做出探索，2017年8月18日，杭州互联网法院设立，这是我国正式成立的第一个互联网法院。互联网法院刚成立两个月就累计受理了各类互联网相关案件3515件，结案1752件，平均审理时间约为28分钟，平均审理期为52天。被告的相关案件和信息获得了100%的在线法庭审理、在线判决和线上送达。②

面对如火如荼的发展形势，越来越多的学者也将研究重心集中在“互联网+”的发展与推广方面。还有部分学者提出要根据用户需求进行个性化的信息服务，并整合“互联网+”相关应用的信息资源用以共同创建面向用户的信息服务方式。我国学者后向东提出线上服务数据网络化是“互联网+”工程开发与应用的基础。服务数据化首先要在技术层面建立信息数据技术的国家标准，其次是库存和增量信息的数字化，最后是扩大政务信息的总体规模。③“互联网+”对政府治理的挑战体现在精准服务理念、职能重构、治理工具更新与治理模式变革等层面。④但是，实践中“互联网+”的相关平台建设往往存在着重硬件、轻服务、忽视用户需求、信息孤岛效应突出、线上线下一体化服务衔接差等问题。针对社区治理云平台建设中存在的这些问题，有些学者提出

---

① 杨波，毕磊.2017移动政务服务报告发布：人工智能大数据优化服务体验［EB/OL］.人民网，2017-11-29.

② 杨波，毕磊.2017移动政务服务报告发布：人工智能大数据优化服务体验［EB/OL］.人民网，2017-11-29.

③ 后向东.“互联网+政务”：内涵、形势与任务［J］.中国行政管理，2016（6）：6-10.

④ 张锐昕，阎宇，谢微，等.“互联网+”对政府治理的挑战［J］.电子政务，2016（3）：44-50.

"互联网+"的发展应该将改进的方向集中在数据共享和权力公开，推动信息资源公开。以公民需求为变革方向，不断更新在线服务模式；借助相关服务终端和第三方平台来提供线上服务，基于政务云构建政务服务信息网络①，保障平台的活跃度与用户满意度。

二、社区治理云平台的价值与发展研究

（一）社区治理云平台的内涵

社区治理云平台是"互联网+社区治理"的主要呈现方式和基本载体。"互联网+社区治理"是"互联网+"的技术、思维与理念在社区治理领域中的开发与应用，其主要实现路径就是社区治理云平台的构建。根据社区治理云平台的价值与功能定位，可以将其界定为以互联网技术为支撑，以基层社区服务软件的开发、运用和升级为表现形式，以促进公共参与为抓手，以优化社区公共服务为目标，推进社区治理结构转型与公共服务升级的新形式。② 目前城市社区中普遍应用的社区服务网站、社区公众号、社区服务 APP、社区公共信息平台、社区微信、微博等线上服务形式都是互联网技术在治理中的应用。各类线上服务平台以先进的网络技术和信息服务为载体，为现代化社区建设和精准化服务提供了新工具。社区治理云平台将先进的信息通信技术与传统社区治理进行深度融合，进而改变社区的服务供给方式和居民公共参与方式。③ 目前，学者们大多基于文献、相关政策与实践经验从宏观层面对社区治理云平台进行研究，研究重心集中在如下两方面。

---

① 王舵．"互联网+政务"：电子政务发展新模式［J］．人民论坛，2016（23）：96-98.

② 王瑞华．互联网+社区治理创新：内涵、特征与路径［J］．南昌大学学报（人文社会科学版），2018，49（1）：61-66.

③ 肖瑶．"互联网+"背景下企业融入城市居住社区的途径探析［J］．中国高新技术企业，2016（9）：192-193.

其一，社区治理云平台的价值与应用形式。2013 年出台的社区信息化建设指导意见指出："社区信息化建设是国家信息化发展的重点环节，相关线上服务平台的建设是社区信息化建设的基础工程。积极推进社区公共服务综合信息平台建设，能够有效解决社区信息化统筹规划薄弱、建设经费投入分散、跨部门业务协同和信息共享不足等瓶颈问题。"[①]"互联网+"与社区服务之间的创新互动模式越来越被重视，社区治理云平台的开发与应用直接关系到基层社会治理方式的变革。部分学者结合居民网络参与的特点，将社区网络平台的应用价值概括为参与方式更直接、参与环境更开放、参与主体更平等、参与过程更便捷、参与成本更廉价等。[②] 高慧军从社区公共领域构建的视角对网络社区的比较优势与服务供给功能进行了比较全面的阐述。[③] 此外，社区治理云平台还将在社区教育、社区救助、生活性服务以及文娱服务方面发挥越来越重要的作用。

随着社区信息化、智慧社区与城市惠民工程等相关政策项目的持续推进，全国不同城市都结合自身资源特征，开发出各具特色的社区治理云平台，创新基层信息化服务方式。上海市周浦镇提出以缩小社区服务半径，深化服务为目的"镇管社区"工作模式，运用"互联网+"理念搭建"智汇家园"社区服务综合信息平台，并采用"政府主导、中心指导、企业运营、多方参与"的形式开展社区服务供需对接。[④] 湖南怀化会同县试点推行"互联网+民生服务"，采用"政府引导、社会协同、

---

① 中华人民共和国民政部．关于推进社区公共服务综合信息平台建设的指导意见［EB/OL］．中华人民共和国民政部网，2013-11-25.

② 张冬平．网络参与：居民参与社区治理的新途径［J］．电子政务，2011（3）：125-129.

③ 高慧军．新媒体推动公共服务供给转向合作治理模式研究：基于网络社区的形成和功能的分析［J］．华南师范大学学报（社会科学版），2015（4）：117-120.

④ 沈维红．上海城镇社区服务供给研究［D］．上海：上海师范大学，2017.

企业运营、群众共享”的模式，打通社区服务的最后一公里。[①] 2018年山东省临沂市依托临沂市云计算中心，采用大数据分析技术倾心打造的“4+2”社区服务综合信息平台，平台包含管理、审批、服务、展示四个主要模块，居民可以通过社区APP、网上申请、电话咨询等多种方式获取服务。[②] 长沙市天心区通过搭建社区网站来提供信息，在社区网络平台内容安排上创设了包含党建、政务服务、信息检索、意见反馈、公共安全、社区矫正、文娱活动、文明创建、办事指南、居民论坛在内的众多服务模块。[③] 福州市的社区公共服务平台，从纵向上划分为金字塔型的四级，纵向与平行层级网站之间实现300个社区网站的信息联动、共享，服务人群达到200万，线上服务内容覆盖了有关居民需求的30多个子模块。将线上平台的主要功能定位为面向社区的公共行政事务、公用事业服务、商业便民服务、社会便民服务、信息提供等六大类。[④] 苏州市吴中区顺应基层治理形势变化，围绕“互联网+网格化、大联动+微治理”，以区、镇、社区三级联动为基本构架，强化基层的管理职责和调度能力。完善相关责任清单，以一个“平台”对内联动、一条“热线”向外服务、一张“网格”全民参与，强化基层社会综合治理。[⑤] 从互联网在社区治理中的应用与推广来看，我国不同城市都基于自身资源特征做出了积极的探索，社区治理云平台在服务内容与服务

---

① 彭国甫．“互联网+民生服务”：湖南会同建“淘宝式”政府［J］．中国行政管理，2016（4）：154-155.

② 孙玉琴．让信息多跑路，让群众少跑腿：对话山东省临沂市4+2社区（公共）服务信息平台系统［J］．中国民政，2016（10）：28-31.

③ 张冬平．网络参与：居民参与社区治理的新途径［J］．电子政务，2011（3）：125-129.

④ 曹剑光．社区“虚拟”公共服务平台创新研究：“福州模式”现状、不足及再造［J］．理论导刊，2011（12）：32-33.

⑤ 唐晓东．互联网+网格化大联动+微治理：苏州市吴中区社会综合治理探索［J］．群众，2017（19）：33-34.

方式上正在不断改变着社区治理的整体面貌。综合来看，关于社区治理云平台的价值研究中，学者们大多是基于互联网本身的特征和优势进行挖掘和梳理，基于文献、政策、案例等方式进行定性分析，分析结果大多是理论推演与经验总结，但关于“互联网+社区治理”的实证分析较少。

其二，社区治理云平台的建设路径研究。社区信息化战略实施以来，社区信息化治理问题得到了越来越多的关注，学者们通过文献分析、对比分析与案例分析等方法，结合社区治理难题、用户需求与发展路径，对社区信息平台的建设做出了丰富的探讨。在信息化建设的技术层面，我国学者阳洋提出并设计了一个基于 WEB 技术的社区信息服务系统，将社区公共事务处理、公共信息发布和网络视频播放集中在一个服务系统中，满足居民日益增长的公共服务需求。① 林慧琳提出要将物联网技术有效地运用于社区信息服务系统的建设中，并对相关问题进行了探讨。② 曾涛利用 UML 建模等工程技术方法，针对社区管委会的治理难题，设计了社区信息化服务平台管理系统。③ 此外，还有部分学者以完善社区治理为视角，探索新的社区信息化建设路径。肖瑶提出“互联网+社区治理”的发展应积极促进线上线下的资源整合与业务对接，全面把握居民需求和服务偏好，精准切入，持续推广，扩大覆盖。④ 针对社区信息化建设存在的认知度不高、参与不积极等问题，部分学者提出应建立广泛的社区论坛、提供针对性的服务、提高全民信息

---

① 阳洋．基于 WEB 的社区信息服务系统设计与开发［D］．西安：第四军医大学，2009.

② 林慧琳．基于物联网的社区信息化综合信息服务系统的实现［D］．济南：山东大学，2013.

③ 曾涛．社区社会管理物联网信息化服务平台的设计与实现［D］．厦门：厦门大学，2014.

④ 肖瑶．“互联网+”背景下企业融入城市居住社区的途径探析［J］．中国高新技术企业，2016（9）：192-193.

化素质、消除数字鸿沟等建议①；还有学者呼吁要整合多方治理力量，依据各地社区特色形成不同的“互联网+社区”品牌。② 宋煜认为如何使信息资源惠及广大群众，如何利用科学技术促进社会治理创新，如何建设开放共享的数据资源环境，如何推进跨界合作生态圈的建设将成为未来社会发展的关键问题。③ 智慧社区建设应与科创中心建设相结合，进行全员发动，融合传统与新技术和信息化，形成社区供给的新模式。④ 徐家良还以“结构-过程-关系”为框架，将互联网+社区治理分为政府主导、企业主导与社会组织主导三种模式，并对不同模式的结构、运行过程与内在关系做出系统分析。⑤ 王国华认为社会治理转型的关键应从社会治理理念变革、政府的职能转变、利用大数据驱动社会治理创新等方面来实施。⑥ 还有部分学者在总结信息化建设瓶颈问题的基础上提出应对策略。针对社区所面临的重建设、轻应用、缺乏实用性、信息共享差等问题，社区线上信息服务应以“需求为主导”⑦，通过对社区治理云平台进行原始数据收集，把握平台的需求特征，不断优化社

① 王颖，宋煜．中国社区信息化建设和发展的宏观思考［J］．学习与实践，2010（11）：94-100.

② 宋红红，方甜，徐乔，等．“互联网+社区”治理模式创新问题研究：以国内典型智慧社区为例［J］．中国商论，2017（6）：167-169.

③ 宋煜，王正伟．“互联网+”与基层治理秩序再造［J］．社会治理，2015（3）：134-141.

④ 吕康娟，黄俐，霍伟伟．上海智慧社区发展模式与实施对策［J］．科学发展，2017（2）：77-86.

⑤ 徐家良．技术治理视角下“互联网+”社区治理创新模式研究［J］．中国第三部门研究，2019（17）3-21.

⑥ 王国华，骆毅．论“互联网+”下的社会治理转型［J］．人民论坛·学术前沿，2015（1）：39-51.

⑦ 王天宜．武汉市社区服务电子政务研究［J］．科技创业月刊，2012，25（8）：160-162.

区治理云平台的服务内容与服务方式①，构建一个完整的城市社区信息整合机制。② 整体来看，目前关于“互联网+”社区发展的路径分析大多是基于社区治理需求、治理难题破解与相关试点的经验总结来为“互联网+社区治理”的发展提供理论指导，具体完善平台设计的方法和社区治理云平台的功能定位还比较模糊。

（二）国外关于社区信息建设的相关研究

国外较早已开始了社区信息化方面的探索，从 20 世纪 70 年代开始③，学界就在社区信息化建设的价值、方式和治理等方面进行了研究。随着互联网技术与相关应用的快速发展，外国社区也越来越重视互联网技术与社区治理的结合。西方学者从理论与实践等多方面论证了互联网对于公众参与的积极影响与低成本优势，肯定了互联网在社区信息共享和服务便利性方面的价值。④ 例如，Keith 通过分析互联网在社区治理中的价值与作用，提出可以将社区网络视为一种组织媒介，社区成员可以通过这一媒介加强彼此间的联系和信任关系，进而促进社区集体行动的达成。⑤ 还有学者提出“社区网络”（community network）的出现为化解社区公共参与难题带来了新的转机。社区网络平台是基于实体社区的虚拟平台，平台的服务内容覆盖了信息管理与发布、邻里交往、

① 钟贞魁，吕玉梅．赣州社区综合服务平台网的设计与研究［J］．中小企业管理与科技（上旬刊），2011（8）：302.

② 冯骞，段尧清．城市社区信息化的信息整合机制［J］．情报理论与实践，2008（3）：350-352.

③ MATTHEW F，SCHULER D. New community networks：Wired for change［M］. New York：Addison Wesley Publishing，1996：1-289.

④ DIMAGGIO P，HARGITTAI E，CELESTE C，et al. From unequal access to differentiated use：A literature review and agenda for research on digital inequality［R］. Working Paper. Princeton：Robertson Hall，2003：355-400.

⑤ HAMPTON K N. Grieving for a Lost Network：Collective action in a wired suburb special issue：ICTs and community networking［J］. The Information Society：An International Journal，2003，19（5）：417-428.

公益活动与公共服务等多方面。① Albert 提出在社区民主管理的诉求下，各个网络平台实现了多元社会组织的决策参与，并通过公共服务网络治理实现了平衡多元利益群体的不同诉求②，吸纳了不同的社会资源和社区参与者，不同主体间实现了更有深度和广度的意见沟通。随着现代多媒体和网络通信技术的进步，虚拟和现实的公共活动应不断加深相互联系，以改善邻里关系，消除社会分化，促进社会融合。③ 卡斯特提出在信息化社会，网络对生活的影响是不可避免的，网络的使用既增强了社会联结，又提升了基层社会的参与行为④，人与人之间的社会交往更精准化、多元化与理性化。还有学者基于当代智能社区的技术优势、功能分类以及对公共信息管理系统的特征，提出了智能社区公共信息网络平台的构建及技术路线图，研究重心逐渐从宏观价值向微观服务平台优化转移。社区信息化建设已经成为国内外社区发展的重要内容，信息社会时代的社区治理云平台是突破社区治理难题，优化社区公共服务的新契机。

三、社区公共领域构建研究

（一）社区公共领域的内涵与外延

公共领域是处于私人领域和公共权威之间的社会生活场域，公共意

---

① KAVANAUGH A, CARROLL J M, ROSSON M B, et al. Community networks: Where offline communities meet online [J]. Journal of Computer-Mediated Communication, 2005, 10 (4).

② ALBERT J M. Networked Coproduction of Public Services in Virtual Communities: From a Government-Centric to a Community Approach to Public Service Support [J]. Public Administration Review, 2011 (7): 598-607.

③ XUE B X, ZHI Q, ZHAO W, et al. Construction of Public Information Network Platform in Urban Intelligent Communities with Outdoor Activities [M] // JIN D, LIN S. Advances in Intelligent and Soft Computing: Vol 160. Berlin: Springer, 2012: 381-387.

④ 卡斯特. 网络社会的崛起 [M]. 夏铸九，王志弘，等译. 北京：社会科学文献出版社，2001：1-527.

见和公共舆论在这里生成，原则上向所有公民开放，公众可以自由地集合，平等地进行批判和表达诉求，它不仅是社区日常生活和公共活动的场所，也是基层社会解决社区冲突、培育公共精神、提供公共服务的载体。公共领域还是基层政府、社会组织、社区精英、社区居民等多元主体往复互动的重要媒介，能够在优化公共服务、化解冲突、培育公共精神等方面重构治理关系。公共领域的研究始于20世纪的政治哲学家汉娜·阿伦特，她在《人的条件》中把人类实践领域分为个人领域、社会领域与公共领域。在公共领域构建与公民公共事务逃避的问题方面，应注重构建和保卫公共空间，如开放参与机会、确定真正的政治问题、保障言论自由、结社自由和公务公开等。① 受阿伦特思想的影响，哈贝马斯将公共领域的概念界定为由流动性的公众、以批判意识为核心的公众舆论、公众赖以表达意见的公众场所三方面因素构成。② 同时，他还将公共领域的特征总结为参与成员平等、讨论议题开放、参与成员广泛三方面。③ 社区治理云平台就为社区居民提供了一个这样的公共领域，社区治理云平台集中体现了民间自媒体与大众舆论传播的集合，实现了私人领域与公共领域的融合。作为一个平等开放的社区公共空间，社区中的每个居民都可以自由进入、平等协商、畅通无阻地交流，不会再受到线下公共场域的空间和时间限制，实现了公共空间的构建和邻里互动关系的生成，是物理空间与社会关系相结合的产物。④ 社区居民可以借助平台移动终端或者网站的形式传播个人话语，由此形成相互连接的社

---

① 金自宁．公共空间与政治自由的实践：解读阿伦特“积极自由”观［J］．比较法研究，2009（1）：134-143.

② 刘文富．网络政治：网络社会与国家治理［M］．北京：商务印书馆，2002.

③ 郭玉锦，王欢．网络社会学［M］．2版．北京：中国人民大学出版社，2010：222-226.

④ 曹志刚，蔡思敏．公共性、公共空间与集体消费视野中的社区广场舞［J］．城市问题，2016（4）：96-103.

交网络，公众关心的问题得到讨论、评论与转发传播，实现对传统公共空间官员独白式话语的超越，具备了公共能量场的内在动力和外在条件。① 列斐伏尔指出，“空间是一个社会关系的重组与社会秩序的建构过程，空间里弥漫着社会关系，它不仅被社会关系所支持，也被其所生产”②。社区治理云平台为居民话语民主运动提供了空间和载体，在提供自由话语环境的同时还促进了社区社会关系的持续与生存。

（二）社区公共领域构建及其影响因素综述

互联网这一新媒介在社区公共生活中的引入更新了居民公共参与和互动的方式，网络论坛、社区网站、社区公共信息服务平台、博客、微博、微信等工具得到了广泛应用。网络虚拟空间的开发很大程度上扩展了居民的公共交往空间，为批判精神和公共舆论的生成提供了条件，从构成要素来看，当前网络公共领域已经初步形成。③ 尹连根通过分析微博在民意表达与治理结构调整中的作用时提出，网络对我国当下的民意表达方式和公共治理格局具有颠覆性的作用，网络平台已经成为民意汇聚的场域，线上公共领域的参与让公众与媒介、政府之间的互动关系趋于扁平化。④ 但是，也有部分学者提出了相左的观点，他们认为诸如微博、微信、网络社区这样的自媒体受制于真实的制度环境，能否创造一个广泛认同的公共领域还需要持久的观察、检验。⑤ 史梁等学者提出微博可以视为一个开放的公共能量场，当媒体、当事人、意见领袖等都加

① 史梁，汤书昆，赵丽．微博公共能量场的构建探析［J］．江淮论坛，2014（2）：139-142.

② 包亚明．现代性与空间生产［M］．上海：上海教育出版社，2003：48.

③ 熊光清．网络公共领域的兴起与话语民主的新发展［J］．中国人民大学学报，2014，28（5）：88-91.

④ 尹连根．结构．再现．互动：微博的公共领域表征［J］．新闻大学，2013（2）：60-68.

⑤ 潘祥辉．对自媒体革命的媒介社会学解读［J］．当代传播，2011（6）：25-27.

入其中，各方就能发表各自的看法，通过多方参与促进公共事件的解决。[①] 熊光清将公共领域的形成条件概括为三方面：一是具有批判意识的公众，能够理性地参与公共问题的讨论；二是拥有自由交流、充分沟通的媒介，在此基础上私人的"独立"与"理性"得以体现；三是能够形成公共舆论。公众能够在理性批判的基础上达成共识，形成公共舆论。[②] 学者辛方坤认为，社区公共空间能够在优化公共服务、化解社区冲突、培育公共精神等方面重构治理关系。公共活力、公共权威、公共资源与公共场所是影响公共领域有序运转的核心要素。[③] 道格拉斯·C. 诺思（Douglass C. North）认为："制度就是通过建立一个互动的稳定结构来减少不确定性。"[④] 公共领域是一个松散开放的交往空间，这个交往空间中的规范、惯例、契约、批判、理性、妥协等共识精神都为基层话语民主的实现提供了条件。还有学者提出理性平等的主体、开放广阔的场域、互动自由的过程、丰富多元的内容皆是网络公共领域构建的重要条件。[⑤]

四、社区治理云平台的持续使用研究

关于社区治理云平台用户行为的研究，学界目前主要从三个层面对信息系平台的使用和推广进行研究。一是微观层面以服务对象为中心，对居民自身的需求、态度等进行研究，以此对居民的使用行为做出判

---

① 史梁，汤书昆，赵丽．微博公共能量场的构建探析［J］．江淮论坛，2014（2）：139-142.

② 熊光清．网络公共领域的兴起与话语民主的新发展［J］．中国人民大学学报，2014，28（5）：88-91.

③ 辛方坤．"三治融合"视域下城市社区公共空间的构建：基于上海 D 社区的探索［J］．社会科学，2016（3）：21.

④ 诺思．制度、制度变迁与经济绩效［M］．上海：上海人民出版社，2008：1-209.

⑤ 熊光清．网络公共领域的兴起与话语民主的新发展［J］．中国人民大学学报，2014，28（5）：88-91.

断；二是从宏观层面对线上服务系统质量进行分析；三是将政务网站、社交网站与商务平台的用户行为分析方法引入社区治理云平台的研究中来，构建线上服务平台的持续使用影响因素模型，对用户行为做出预测，提升平台的活跃度与用户满意度。

一是基于用户自身要素的研究，研究涉及用户技术水平、用户效能感、参与积极性与技术接受度等要素。首先，感知有用性和感知易用性是影响用户采纳行为的关键要素，也是学界关注的重点。国外的一些学者如 Fred D. Davis①、Kumar②、Colesca③、Bwalya④、Lin⑤、Youngblood⑥ 等通过分析不同地区、不同领域以及不同网络服务系统的用户态度与行为后得出结论，感知有用性和感知易用性都能够用来解释人们为什么接受或拒绝一个信息系统，是影响公民采纳意向的两大基本要素。国内一些学者通过研究线上信息服务平台的用户采纳行为发现，感知有用性和感知易用性这两个要素水平的提升会使用户采纳意愿和使用行为显著增强。中国学者靳洪俊关于建立用户接受移动政务影响因素模型的研究⑦，李乐

① DAVIS F D. Perceived Usefulness, Perceived Ease of Use, and User Acceptance of Information Technology [J]. MIS Quarterly, 1989, 13 (3): 319-340.

② KUMAR V, MUKER B, IRFAN B, et al. Factors for Successful E-Government Adoption: A Conceptual Framework [J]. The Electronic Journal of E-Government, 2007, 5 (1): 63-76.

③ COLESCA S E, DOBRICA L. Adoption and Use of E-Government Services [J]. Journal of Applied Research and Technology, 2008, 6 (3): 204-216.

④ BWALYA K J. Factors Affecting Adoption of E - Government in Zambia [J]. The Electronic Journal on Information Systems in Developing Countries, 2009, 38 (4): 1-13.

⑤ LIN F. Assessing Citizen Adoption of E-Government Initiatives in Gambia: A Validation of the Technology Acceptance Model in Information Systems Success [J]. Government Information Quarterly, 2011, 28 (2): 271-279.

⑥ YOUNGBLOOD N E, MACKIEWICZ J. A Usability Analysis of Municipal Government Website Home Pages in Alabama [J]. Government Information Quarterly, 2012, 29 (4): 582-588.

⑦ 靳洪俊．用户接受移动政务影响因素研究［D］．武汉：华中科技大学，2009.

乐和陆敬筠关于江苏省电子公共服务的公众接受情况的分析①，王立华和苗婷关于影响农民采纳电子政务服务的研究②，郭俊华关于政府网站公众接受度的研究③，赵莉通过网络调研平台使用情况的研究④，均得出了一个共同的结论，即感知有用性和感知易用性对用户采纳行为影响显著。其次，部分学者认为用户的观念、态度、参与意识等也对信息系统的采纳情况产生了显著的影响。Anas 等人通过研究政府应急管理服务发现，用户态度和感知有用性都显著影响公众的行为倾向。⑤ Tony Davis 等人的研究表明，使用态度是影响公众采纳的最重要因素。美国学者 Martin Fishbein 和 Icek Ajzen 提出个人的行为会受到群体行为的影响，周围群体的行为和意见会对个体的行为意向产生影响，主观规范和感受也是影响个体行为的重要因素。中国台湾学者 Liang 和 Lu 在研究在线纳税服务意向时发现，主观规范对潜在用户和当下的使用行为都存在影响。⑥ 高明、陈永顺与周沛⑦等学者的研究结果也表明了主观规范

① 李乐乐，陆敬筠．基于 TAM 的电子公共服务接受模型及实证研究［J］．情报科学，2011，29（10）：1509-1513.

② 王立华，苗婷．农民对电子政务服务的采纳意愿及影响因素的实证分析：基于陕西省西安市农民的调查数据［J］．当代经济科学，2012，34（6）：109-114，126.

③ 郭俊华．公众接受政府门户网站的影响因素研究［J］．上海行政学院学报，2011，12（1）：48-56.

④ 赵莉．我国电子政务信息资源信任影响因素研究［J］．情报科学，2013，31（6）：140-144.

⑤ ANAS A，KATINA M，XI C，et al. Social Acceptance of location - based Mobile Government Services for Emergency Management［J］. Telematics and Informatics，2014（31）：153-171.

⑥ LIANG S W，LU H P. Adoption of E-Government Services：An Empirical Study of the Online Tax Filing System in Taiwan［J］. Emerald Group Publishing Limited，2013（6）：424-442.

⑦ 周沛，马静，徐晓林．移动电子政务公众采纳影响因素的实证研究［J］．图书情报工作，2012，56（5）：134-138.

对信息系统的用户采纳行为与使用意向影响显著。① 最后，学者们还发现用户自身的技术接受水平、网络设施情况、系统信任等也是影响采纳行为的重要因素。Madden、Bohlin 等学者的研究表明用户所持有的智能手机量、使用频率与对相关线上服务的关注度都会影响用户的使用行为。② Shin Yuan 等人发现用户的信任、互动、人际影响、自我效能也是影响用户意愿的主要因素。③ Horst 论证了感知风险、个人经验、感知行为控制对用户采纳产生了显著的影响。④ 用户对信息系统的信任包含了对系统的信任、网络安全、信息真实性与服务提供方等多方面的信任，对新技术及其信息系统的信任是影响用户是否使用的重要因素，相关的研究表明用户的风险感知越高，采纳可能性越低，对系统的信任越高，采纳的意愿越强烈。德国社会学家 Simmel Georg 最早提出信任理论并强调了信任对人类行为倾向的影响。Colesca 和 Dobrica 关于罗马尼亚的个案研究⑤，Bwalya 关于研究赞比亚的政务采纳模型研究⑥，Ozkan 和 Kanat 关于土耳其高校学生贷款服务的研究，Beldad 关于荷兰网络用

---

① 高明．公众接受政府门户网站服务的影响因素研究［C］//中国管理现代化研究会．第六届（2011）中国管理学年会论文摘要集．成都：中国管理现代化研究会，2011：1.

② MADDEN G，BOHLIN E，ONIKI H. Potential Demand for M-government Services in Japan［J］. Applied Economics Letters，2013，20（8）：732-736.

③ SHIN Y H，CHIA M C，SHAO R K. User Acceptance of Mobile E-government Services：An Empirical Study［J］. Government Information Quarterly，2013，30（1）：33-44.

④ HORST M，KUTTSEHREUTER M，GUTTELING J M. Perceived Usefulness，Personal Experience. Risk Perception and Trust as Determinants of Adoption of E-government Services in the Netherlands［J］. Computers in Human Behavior，2007，23（4）：1838-1852.

⑤ COLESCA S E，DOBRICA L. Adoption and Use of E-Government Services［J］. Journal of Applied Research and Technology，2008，6（3）：204-216.

⑥ BWALYA K J. Factors Affecting Adoption of E-Government in Zambia［J］. The Electronic Journal on Information Systems in Developing Countries，2009，38（4）：1-13.

户对于政务信息系统政府的采纳行为研究，都得到了符合理论预期的结论，那就是用户自身的信任倾向、对信息系统的信任、平台较高的透明度与信誉都可以增强公众的使用意愿。[1] 国内学者靳洪俊[2]、郑称德[3]、陈明亮[4]、蒋骁[5]、王涛[6]、赵莉[7]在研究电子政务的用户采纳行为模型中发现，可靠性、系统信任与风险感知很大程度上影响着用户是否决定使用。[8]

二是基于系统质量的研究，包括信息系统质量、信息质量与网络外部性、宣传推广、使用成本等要素。首先，线上服务平台对用户行为的影响，包括系统质量、信息质量与模块设计等要素。根据 DeLone 和 McLean[9]、Negash[10]、Seddon[11] 等人通过对系统成功模型的研究发现，信息质量、系统质量和服务质量是影响用户初始使用意向和评估信息系

① BELDAD A. A Cue or Two and I'll Trust You：Determinants of Trust in Government Organizations in Terms of Their Processing and Usage of Citizens' Personal Information Disclosed Online ［J］. Government Information Quarterly，2012，29（1）：41-49.

② 靳洪俊. 用户接受移动政务影响因素研究［D］. 武汉：华中科技大学，2009.

③ 郑称德，刘秀，杨雪. 感知价值和个人特质对用户移动购物采纳意图的影响研究［J］. 管理学报，2012（10）：1524-1529.

④ 陈明亮，马庆国，田来. 电子政务客户服务成熟度与公民信任的关系研究［J］. 管理世界，2009（2）：58-65.

⑤ 蒋骁. 电子政务公民采纳理论、模型与实证研究［M］. 北京：经济管理出版社，2011.

⑥ 王涛，卢云帆. 公众对电子政务初始信任形成的影响因素研究［J］. 价值工程，2011，30（1）：171-173.

⑦ 赵莉. 我国电子政务信息资源信任影响因素研究［J］. 情报科学，2013，31（6）：140-144.

⑧ 赵玉攀，杨兰蓉. 公众采纳政务 APP 影响因素及实证研究［J］. 情报杂志，2015，34（7）：195-201.

⑨ DELONE W H，MCLEAN E R. Information Systems Success：The Quest for the Dependent Variable［J］. Information System Research，1992，3（1）：60-95.

⑩ NEGASH S，RYAN T，IGBARIA M. Quality and Effectiveness in Web-based Customer Support Systems［J］. Information & Management，2003，40（8）：757-768.

⑪ SEDDON P B. A Respecification and Extension of the DeLone and McLean Model of IS Success［J］. Information Systems Research，1997，8（3）：240-253.

统的关键要素。Davis①、Molla②、Spreng③、Kumar④、Bwalya⑤ 等人在对政务信息系统用户采纳意愿、持续使用行为与满意度等方面的研究发现，系统质量和服务质量是一项不容忽视的影响因素。国内学者李乐乐和陆敬筠⑥、关欣⑦、蒋骁⑧等人在对政府门户网站的用户行为进行研究时发现，政务平台的信息质量、可靠性、安全性、服务质量等因素都是塑造用户使用体验的影响因素，会对公众的采纳行为产生显著的影响。其次，相关社会要素对用户采纳行为产生的影响，诸如使用风险、使用成本、社会文化与网络设施等。Tung 和 Rieck 基于创新扩散模型，将系统外部性、社会影响、用户采纳障碍等要素整合进来，提出了新的创新扩散拓展模型，并结合新加坡商业组织的实证分析得出社会影响因

① DAVIS F D. Perceived Usefulness, Perceived Ease of Use, And User Acceptance of Information Technology [J]. MIS Quarterly, 1989, 13 (3): 319-340.

② MULLA A, LICKER P S. E-Commerce Systems Success: An Attempt to Extend and Respecify the Delone and Maclean Model of IS Success [J]. Journal of Electronic Commerce Research, 2001, 2 (4): 131-141.

③ SPRENG R A, MACKENZIE S B, OLSHAVSKY R W. A Reexamination of the Determinants of Consumer Satisfaction [J]. Journal of Marketing, 1996, 60 (3): 15-32.

④ KUMR V, MUKERJI B, IRFAN B, et al. Factors for Successful E-Government Adoption: A Conceptual Framework [J]. The Electronic Journal of E-Government, 2007, 5 (1): 63-75.

⑤ BWALYA K J. Factors Affecting Adoption of E-Government in Zambia [J]. The Electronic Journal on Information Systems in Developing Countries, 2009, 38 (4): 1-13.

⑥ 李乐乐，陆敬筠. 基于 TAM 的电子公共服务接受模型及实证研究 [J]. 情报科学，2011，29 (10): 1509-1513.

⑦ 关欣，张楠，孟庆国. 基于全过程的电子政务公众采纳模型及实证研究 [J]. 情报杂志，2012，31 (9): 191-196.

⑧ 蒋骁. 政府门户网站用户采纳意向实证研究 [J]. 情报科学，2011，29 (7): 1084-1087.

素能够显著影响公民采纳意向。[1] Hung 的研究表明社会影响因素对公众采纳在线服务有显著影响。[2] Carter 和 Weerakkody 提出不同政务情况和社会文化会影响公众的采纳选择，通过对比美国和英国的线上政务采纳情况发现，文化差异使英美的政务采纳结果不同，而信息技术和计算机技术障碍的影响不显著。[3] Bwalya 通过对比分析赞比亚的医疗管理信息系统和移民管理系统，发现社会文化要素是影响公众采纳政务心态的重要因素，不同的地区文化造成了不同地区用户采纳的差异。[4] 用户所处的文化环境和社会环境对其采纳意向有显著影响，环境因素也是影响公民采纳的一个重要方面。[5] 学者们关注的另一个影响用户采纳行为的社会因素是网络外部性。Rohlfs 通过对信息系统的外部性研究发现，用户使用某个系统能够获得的效用会随着使用该系统人数的增加而增加。[6] Katz 和 Shapiro 在对消费者效用的研究中发现，消费者从某个产品或者服务中获得的个人效用有时候并不完全由产品本身决定，还会受到消费此类产品的用户数量的影响，使用这种产品或服务的用户数量越

① TUNG L L, RIECK O. Adoption of Electronic Government Services Among Business Organizations in Singapore [J]. The Journal of Strategic Information Systems, 2005, 14 (4): 417-440.

② HUNG Y H, WANG Y S, CHOU S C T. User Acceptance of E-government Services [C] //Proceeding of Pacific Asia Conference on Information Systems. Auckland: Association for Information System, 2007: 97-106.

③ CARTER L, WEERAKKODY V. E-Government Adoption: A Cultural Comparison [J]. Information Systems Frontiers, 2008, 10 (4), 473-482.

④ BWALYA K J. Factors Affecting Adoption of E-Government in Zambia [J]. The Electronic Journal on Information Systems in Developing Countries, 2009, 38 (4): 1-13.

⑤ 杨雅芬，李广建. 电子政务采纳研究述评：基于公民视角 [J]. 中国图书馆学报，2014，40 (1)：73-83.

⑥ ROHLF J. A theory of interdependent demand for a communication service [J]. Bell Journal of Economics, 1974, 5 (1): 16-37.

多，消费者获得的效用越大。① Lou 等学者提出信息系统的推广需要用户的广泛使用并形成一种集体行为的意识，如果信息系统的使用者较少，就会影响该系统在用户中的传播与扩散，导致关注和采纳这个信息系统的人也比较少。② Shapiro 和 Varian 认为用户在采纳一种新的产品或服务时，会受到其他用户的影响，使用某个信息系统的人越多，人们对这个系统的信任度和安全感就越强，使用的可能性也越大。③

三是用户采纳与持续使用行为方面的模型研究。社区治理云平台的用户持续使用行为是用户在采纳和体验了线上服务之后，后续使用意愿与使用行为的集合。用户初始采纳是信息系统成功的第一步，但是信息系统的持续使用才是最重要的。④ 持续使用意愿是使用社区治理云平台的用户继续接受网络服务的倾向程度，是衡量用户持续使用行为的直接要素。除此之外，本书还将用户推广意愿和用户惯性忠诚两个维度共同纳入测量。用户持续使用行为受到用户需求、用户自身特征、系统治理、期望确认度、网络平台外部性、用户满意度、社会影响因素等多重要素的共同作用。关于信息系统成功与否的相关研究表明，起最终决定作用的因素是用户的后续使用行为而非初始采纳行为。⑤ 本书将从用户推广意愿、持续使用意愿与用户忠诚度三个层面对用户的持续使用行为进行测量。

---

① KATZ M L, SHAPIRO C. Network externalities, competition, and compatibility [J]. The American Economics Review, 1985, 75 (3): 424-440.

② LOU H, LUO W, STRONG D. Perceived critical mass effect on groupware acceptance [J]. European Journal of Information Systems, 2001, 9 (2): 91-103.

③ SHAPIRO C, VARIA H. Information Rules: A strategic guide to the network economy [M]. Boston: Harvard Business School Press, 1998.

④ BHATTACHERJEE A. Understanding information systems continuance: an expectation-confirmation model [J]. Mis Quarterly, 2001, 25 (3): 351-370

⑤ LIMAYEM M, HIRT S G, CHEUNG C M K. Habit in the Context of IS Continuance: Theory Extension and Scale Development [EB/OL]. Proceedings of the 11th European conference on information systems (EC is 2003), 2006-04-12.

针对目前信息系统活跃度低、利用率低等问题，越来越多的学者将研究视角投放到信息系统优化和推广方面。信息系统是一个不断优化和更新的系统，建设具有吸引力的公共服务平台需要对平台用户持续使用行为的影响因素进行系统研究。目前关于商业平台、政务系统与图书馆服务系统等方面的研究已经形成了比较成熟的用户行为研究模型。国外较早开始了用户采纳与使用行为方面的研究，并取得了丰硕的研究成果，提出了许多普遍被认可的理论和模型，例如，服务质量模型、期望确认模型、技术接受模型、系统成功模型、创新扩散模型、技术接受与统一使用理论、社会认知理论等。随着相关理论与实证研究的推进，学者们也对这些模型进行拓展、整合并引入新的研究领域中去，从理论方面对模型进行完善，从实证方面对模型进行验证，以发挥其实际应用价值。① 目前应用比较广泛的模型如 Delone 和 Mclean 提出的信息系统成功模型（IS Success Model），该模型将信息质量、系统质量、用户使用、满意度、个人影响和组织影响等变量纳入考察。② Seddon 的研究结果显示，系统质量、信息质量、使用系统后获得的收益等变量都会对用户体验产生显著影响。③ Venkatesh 等学者提出了技术接受和使用模型（UTAUT），用来解释人们使用信息系统的意向和行为。创新扩散理论是由 Rogers 等学者提出，他将采纳者的特性、传播行为的特点和传播渠道、个体对创新技术的主观感受等因素纳入研究模型。④ 1980 年

---

① 朱琳，刘晓静．基于移动互联网的智慧社区服务公众采纳实证研究：以打浦桥街道“IN 标签”为例［J］．电子政务，2014（8）：27-37.

② DELONE W H，MCLEAN E R. Information Systems Success：The Quest for the Dependent Variable［J］. Information System Research，1992，3（1）：60-95.

③ SEDDON P B，KIEW M-Y. A Partial Test and Development of the DeLone and McLean Model of I Success［C］// DE GROSS J I，HUFF S L，MUNRO M C. Proceedings of the international conference on information systems. Atlanta：Association for Information Systems，1994：99-110.

④ ROGERS E M. Diffusion of Innovations［M］. New York：The Free Press，1995：1-260.

Oliver 提出的期望确认理论（expectation confirmation theory，ECT）对消费者重新购买意愿的解释具有广泛的适用性。

近年来，国内关于信息系统用户采纳的研究也越来越丰富。由于起步较晚，国内相关研究大多在已有理论和模型的基础上通过整合创立新的模型，再结合调研数据进行实证分析；或是根据现实具体案例对其进行影响因素梳理对比，结合理论建立模型。所以，国内学者关于用户使用行为的研究大多是基于已有理论和模型进行的本土化整合、拓展，并结合本国国情进行修改完善。例如，有学者将 TAM 模型与信任理论中的政府信任、网络信任进行结合，提高模型在政务网站研究方面的适用性。为了解决单一理论模型存在的诸如研究视角狭窄、解释度低的问题，学者们往往采用模型整合的方式对多个理论模型进行拓展组合，以提升分析的全面性和模型的适用性。例如，汤志伟等人根据信息系统持续使用的期望确认模型（Expectation - Confirmation Model of IS Continuance，ECM-IS），将期望确认水平、服务系统质量、感知易用性、外部性等要素共同纳入一个模型，完善了模型分析维度。① 除了实证研究，一些学者从文献的角度出发对已有研究进行总结分析，把握用户采纳行为的研究经验与发展规律，并对以后的研究做出理论预期。

第二节 研究述评

一、以往研究取得的进展

总结国内外学者关于“互联网+社区治理”多方面的研究结果可以

① 汤志伟，韩啸，吴思迪．政府网站公众使用意向的分析框架：基于持续使用的视角[J]．中国行政管理，2016，28（4）：27-33.

发现，社区信息化建设已经引起了学界的广泛关注并积累了较多的宏观研究成果，对社区治理云平台的内涵、外延、模式、价值等做出了较多的研究，并结合不同城市社区的探索实践，积累了一定社区信息化建设经验。关于线上信息服务的研究也积累了丰硕的研究成果，提出了比较成熟的用户行为分析模型，并结合政务信息系统、商业信息系统和图书馆信息系统等进行了广泛的实证研究，关于用户行为的影响因素查找越来越全面，涉及感知有用性、感知易用性、技术接受度、群体效应、系统信任、自我效能感、感知行为控制、服务质量、社会环境、个人经验、用户期望确认等多方面，且存在部分重叠关系。但是关于社区治理云平台的用户行为、发展环境、模块设计等方面的微观研究还较少，需要拓展研究视野，将管理学、信息系统与电子政务的相关理论模型引入社区治理云平台的研究中来。

二、以往研究存在的不足

随着国内“互联网+”惠民工程的迅速蔓延，信息技术和网络平台在各界都得到了越来越多的重视。“互联网+社区治理”的发展也激起了学界对社区信息化建设的关注，许多学者针对社区网络服务平台建设的相关理论和实践探索进行了广泛的研究，探索互联网技术在社区公共服务方面的价值与应用，并普遍认为应充分利用互联网技术，改善社区的公共参与状态，提高基层公共服务的效率和质量。但是，整体来看目前关于社区治理云平台的研究还存在一定的不足：一是“互联网+”关于社区治理的功能化价值大多是基于理论的推测，关于互联网和社区治理云平台的研究大多是宏观的理论研究，缺乏翔实的实证支持。二是对社区治理云平台的完善也都通过经验总结、政策文件梳理、案例分析等定性研究方式进行分析，大部分学者研究的重心依然集中在以线上服务为导向的平台设计与硬件设施完善层面，对客户端的用户需求与用户行为缺乏专门性的、精准化的定量研究，重建设、轻运营的特征比较明显。三是“互联网+”视角下的社区服务体系构建才刚刚起步，关于居民需求、居民偏好与使用意愿的研究还较少，平台服务模块设计与功能完善缺乏方向。“互联网+”如何与社区服务供给融合？如何通过线上平台提升居民公共参与，完善社区公共活动空间？如何保持社区治理云平台的用户活跃度和利用率？面对这些问题，需要从理论和实证两个层面进行研究，提升研究的准确性与解释力。

三、本研究的创新点与贡献

本书的创新点主要体现在微观层面的具体研究，通过相关理论进行问题分析、价值分析的同时还构建相关模型，以调研数据进行实证分析，对相关假设进行检验，保证研究结果的科学性、可靠性。具体来看，可以总结为四方面。

一是研究思路创新。本书从理论层面对社区治理云平台在社区中的功能与价值进行分析，基于多重逻辑的分析框架对当下社区治理难题及其形成机理进行分析，然后梳理社区治理云平台在破解社区治理难题方面的工具价值，为社区治理云平台的价值研究提供了新思路。

二是研究方法创新。关于网络平台的使用对社区治理影响的研究，国内学者大多从理论推演、经验总结、优势分析等宏观层面进行定性研究。本书率先从实证层面验证了网络平台的使用对社区治理产生的影响，通过 CGSS2015 数据对互联网的使用对于社区治理的正面与负面效应进行了验证，并得到了具有现实意义的研究结果。

三是研究视角创新。本书率先将后物质主义价值观的研究视角引入社区治理实践中，确定了社区居民需求现状及其对社区网络参与的影响，基于目前社区居民的价值观对社区网络参与意愿进行研究，提升了研究的科学性和现实意义。

四是模型构建创新。本书结合社区公共网络服务的特征与阶段，将ECM-IS与D&M IS模型进行整合，构建起了社区治理云平台的用户持续使用模型，并率先将用户需求要素纳入对居民使用行为的研究，为以居民需求为导向的社区服务平台建设提供了实证分析基础，同时也验证了用户期望确认度、服务系统质量、网络外部性等要素对平台持续使用的影响及其作用路径，为社区治理云平台的完善与推广提供了参考。

第三章

社区治理云平台对于社区治理价值的理论分析

第一节　当下社区治理的现状与难题

社区作为城市社会的基本形态，社区治理有效与否与城市居民生活密切相关。改革开放以来经济社会快速发展，社会结构趋于多元，基层群众的诉求也越来越复杂多样，各级地方政府落实关于依法治国、和谐社会建设等战略部署，通过搭建公民参与平台、培育非政府组织和鼓励公民参与基层治理等方式，推进城市社区从探索到成熟、从控制到服务的深度演变。随着城市人口的增长和商品房小区的扩展，出现了许多人口过万的大型社区，建设法治化、专业化、社会化、智慧化的社区新形态成为社区发展的方向。未来的基层社会治理，居民才是治理的核心，社区中的多元共治力量对社区治理现代化的实现具有重要的推动力，社区居民在享受社区公共服务的同时，也直接参与和管理着社区公共事务，是社区的“治理者”。但是，目前的城市社区治理却存在诸多问题，如公共参与乏力、公共领域式微、集体行动困难、信息共享困难、治理结构冲突、治理工具单一、治理精细化与精准化不足等问题，具体体现在如下四方面。

一、社区公共领域式微

德国学者哈贝马斯将公共领域界定为社会生活中一个向所有公民开放的领域，汉娜·阿伦特将公共领域界定为一个行动和语言得以交流沟通的公共空间和自由领域。但是，目前的城市普遍面临着集体行动困难、公共领域式微的难题。美国学者帕特南分析 20 世纪以来公民社会的变化后指出："当初托克维尔所描述的美国社区生活正在逐渐衰落，那种喜好结社、喜欢过有组织的公民生活、关注公共话题、热心公益事业的美国人不见了。"① "独自打保龄球"的社会现象越来越普遍，基层社会的社会资本积累不足造成了公民参与和公共精神的衰退。如何重新构建起社区的公共生活，如何构建起公平、开放的社区公共活动平台，已经成为一个时代难题。社区公共领域的形成，需要搭建开放的低成本的参与平台，需要基层社会资本的积累，需要自愿基础之上的自觉参与，需要多元参与主体处于一种平等和平衡的状态。这种状态下国家权力对社区治理的控制不会过于严格也不至于放任混乱，这样的一个社区公共领域塑造需要新旧媒体和互联网的合力构建。随着互联网的普及，政务服务平台、社区网络平台和各种移动媒体成为社区公共话题和政策议程提出的重要源头。如何借助互联网技术和共享平台，构建一个自由开放的低成本的网络公共领域已经成为社区公共领域复兴的重要突破口。

二、共同体困境与公共精神缺失

社区居民公共生活的实现需要依托公共空间，公共事务的处理需要

① 帕特南．独自打保龄球：美国社区的衰落与复兴［M］．刘波，译．北京：北京大学出版社，2011：1-2.

在公共环境中经不同治理主体达成共识。反思我国城市社区的网格化管理成本与绩效可以发现，未来社区治理的方向应该落脚在强政府与强社会背景下的国家与社会合作共治模式。现代化的社区治理不但要维护公民权益，还要增强公民责任心和参与公共事务的积极性，培养具有社会责任和公共精神的公民，提升基层社会的公共生活质量和公共空间治理能力。但是，目前我国社区建设基本是政府在唱“独脚戏”，社区居民之间缺乏沟通与合作，社区居民对社区公共事务冷漠、对公共精神缺乏认同，城市社区的忙碌和流动性更使处于陌生人社会的邻里关系在无交集的状态下一直陌生下去，集体意识和共同体意识的培养陷入僵局。同时，受到市场经济的长期影响，居民的逐利思想越来越普遍，对于与自身关系不大的公共事务不感兴趣，也不愿投入时间精力，不愿意在公共事务上付出成本，居民游离于社区治理的边缘。社区公共生活中“搭便车”的现象普遍发生，居民大多希望坐享其成，这在无形中挫伤了参与者的积极性，陷入“共同体困境”。[①] 共同体困境和公共精神的缺失是全球性的治理难题，社区治理云平台作为一种公共场域其重要的价值就在于如何构建利益共融，如何利用互联网和手机网络终端的优势吸引居民参与到公共领域中来，提升居民的参与感、获得感、公共精神和主体意识，构建社区利益共同体。

三、社区集体行动困难与公共参与乏力

（一）集体行动困难

亚里士多德曾指出：“凡是属于最多数人的公共事务常常是最少受

---

① 吴青熹．社会化媒体与大数据视野下的城市社区治理［J］．华东师范大学学报（哲学社会科学版），2017，49（6）：43-50.

到人照顾的事务，人们关怀着自己的所有，而忽视公共的事务。”① 然而，社区共治的实现需要社区居民不仅关注私人利益，还要将注意力转移到公共事务和共同利益上来，遵循社区的相关制度和章程处理公共事务，自愿贡献一定的资源并分担社区治理成本，促成集体行动的形成。② 这直接关系到基层社会公共产品的供给、公共资源的使用、公共秩序的维护以及治理能力的提升。我国大城市人口增长，群体结构复杂，不同群体之间价值观差异化，社会资源主体趋于多样化，各种社会力量日益强大起来且趋于多元化，资源供给系统也复杂多样。随着社区公共事务的增加和资源配置结构复杂多变，越来越多的居民希望自身的诉求和利益能在社区发展中得以体现，构建低成本、高互动频率的公共参与平台就是促进集体行动达成的必然要求。此外，随着社会的不断转型和理性主义的盛行，以个体意识为特征的“后现代社会”特别强调个人权利、个人体验和个性化需求，社区自治组织的影响力和组织能力却没能显著提升，以公共利益为导向的集体制度安排尚不成熟。目前城市基层社会的治理依然是政府驱动型的，社区治理中政府行动居多，社会行动较少，在集体行动方面经常出现“集体行动困难”。城市社区治理还没有形成一套有效的制度体系来促进不同治理主体达成合作的契约关系，尚未搭建起便于频繁的集体行动的公共生活空间。社区治理现代化的实现需要扩展多元主体的参与渠道和集体行动的达成，以促成多元共治的治理格局。

（二）社区公共参与方面乏力

社区治理的公共参与不足，参与期望和参与现实之间的落差较大。

---

① 佘湘．城市社区治理中的集体行动困境及其解决：基于理性选择制度主义的视角［J］．中共四川省委党校学报，2014，43（3）：32-38.

② 佘湘．城市社区治理中的集体行动困境及其解决：基于理性选择制度主义的视角［J］．中共四川省委党校学报，2014，43（3）：32-38.

社区公共参与是社区居民、自治组织、企事业单位等多元行为主体共同参与到社区公共事务和公共生活中来，对有关居民自身利益的社区公共事务进行管理，对社区公共资源进行分配，为社区服务优化做出贡献。公民积极参与的社区才是具有发展活力和自治动力的社区，基层社区自我管理、自我决策、自我服务的自治理念起始于社区公共参与。社区参与自主性的提升是增进社区信任和社区社会资本的重要路径，社会资本不断增加才能激励和引导社区主体为了共同利益不断通力合作，在一定程度上催生社区公共精神和集体行动的行为。① 有学者在调研中发现，上海基层社会居民具有一定的社区参与意识，如南京东路街道社区84.4%的社区居民具有参加社区活动的意愿。但是，大部分居民在实际行动中的参与频率很低，主要原因是目前社区能够提供的大多是些传统项目，如清洁环保、治安联防、政策法律宣讲会等，对居民尤其是对中青年居民缺乏吸引力。相反，一些对社区居民有吸引力的重大事项，如参与社区重大事务的决策、社区资源分配使用情况、对社区权力运行的监督等活动，缺乏有效的参与渠道，一定程度上抑制了居民参与的积极性，行政化的社区管理方式制约了社区居民的公共参与。社区公共参与的相关法规和章程尚不健全，居民的权利、义务和程序都不够明确，导致居民参与缺乏正常的渠道，社区集体行动难以达成。社区治理现代化的实现需要基于公民自愿基础上的参与和协商基础上的合作，需要居民对社区现行规则体系的熟悉和对社区权力的认同。长期以来行政主导型的基层社区管理体制已经成为社区治理现代化的障碍，长期形成的动员式参与方式使居民常常处于被动地位，且这种被动参与大多也是临时

① 高红．城市基层合作治理视域下的社区公共性重构［J］．南京社会科学，2014（6）：88-95.

的、阶段性的，缺乏制度化的引导，社区治理效果往往大打折扣。①

四、社区治理主体角色错位，服务精准化不足

（一）社区治理主体角色错位

居委会的行政化倾向严重。社区居委会是社区治理的主导力量、社区公共事务的组织者、管理者和服务者。长期以来，居委会组织法以及地方政府对居委会要求管理得太多。许多本该由基层政府承担的管理工作被摊派给了居民委员，城市社区居委会承担了治安、流动人口管理、意见收集反馈、社区环境卫生、扶贫助残、计划生育等大小事务约百项。即使在高喊社区自治和社区复兴的现阶段，基层政府依然要求居委会承担很多工作。同时，还有许多没有明确规定的、临时性的协管任务，如协助政府部门征税、协助募捐等，基层政府部门填表格、建档案、出具证明材料、代收费用等行政性工作也常常交给社区居委会，居委会服务的主要对象不是社区居民而是基层政府，其主要时间和精力都花在所谓的“协助”政府部门的工作上。

（二）社区治理精细化不足

目前的城市社区仍然存在办证多、办事难、奇葩证明、循环证明等现象，群众办事“多头跑、重复跑、跨地跑”问题已成为简政放权、优化基层服务的“绊脚石”。② 专业化的服务队伍较少。提供专业化服务和管理是实现社区治理专业化与精细化的基础工作，未来社区治理的专业化必须从顶层进行整体性设计规划，除了社区本身的设计还要关注周遭的环节和制度文化，治理设计既要高瞻远瞩也要关注短期内的现实

① 高红．城市基层合作治理视域下的社区公共性重构［J］．南京社会科学，2014（6）：88-95.

② 刘凡华．基于大数据背景下“互联网+信用”的信息化应用服务：以南京市公共信用信息服务为例［J］．改革与开放，2017（21）：46-48，55.

矛盾，要结合社区治理的现实问题有针对性地进行专业化治理。以社区居民为服务对象，结合现代信息技术以及治理工具的创新，促进社会资源和居民需求的有效对接，为居民提供精准化的社区服务，实现社区治理和社区公共服务的精准化，提升社区公共服务水平和社区治理水平。

第二节　多重逻辑视域下社区治理难题的形成机理

一、多重逻辑视域下社区治理主体的行为分析

社区是基层党组织、居委会、公益组织、居民、社区政策、治理制度和公共服务等元素的集合，各个要素之间的关系构建、排列组合影响着社区治理的状态和公共服务的供给。因此，对社区治理的相关研究既要关注社区政策设计、制定、执行的多元主体，又要注重在特定场域、制度和政策环境中多主体间的互动以及背后的深层联系。学者周雪光提出的“多重逻辑分析框架”着重于多元行动者背后的逻辑及其关系，兼顾了个案分析和理论对话的双重需求，为深层分析社区治理的需求提供了有力的工具。目前，多重逻辑分析框架被广泛应用于政策变迁过程的解释。① 在治理变迁的分析中，“多重逻辑分析框架”强调三个命题：(1) 以多重逻辑的相互作用及其过程作为着眼点，强调主体的多元性和多重作用机制；(2) 多重逻辑提供了宏观制度和微观行为之间的联系，即治理需求的变化映射出具体可观察的微观行为；(3) 治理变迁是一个内生性的过程，不同行动者在自身利益诉求和行为逻辑的指引下

① 周向红，刘宸．多重逻辑下的城市专车治理困境研究［J］．公共管理学报，2016，13（4）：139-150.

在社会场域中与其他参与主体相互作用，最终塑造了社区治理的变迁轨道。[①] 这三个命题为城市社区治理变迁提供了解释，也为社区治理主体的行为分析和多方利益均衡提供了视角。

（一）地方党委和政府：政治的逻辑

在我国城市社区治理中，地方党委和政府部门是政策制度构建的主要推动者，超脱于不同的社区利益主体，代表公共利益谋求社区福利最大化，以政策的形式均衡不同社区参与主体的利益。因此，社区公共事务的处理过程也是基层社会价值的权威性分配过程，社区治理无法完全超脱于各类社会利益群体，社区政策不仅要平衡长期、短期利益的冲突，还要兼顾公共服务和社会利益的分配，治理目标具有多重性和冲突性，反映了“政治的逻辑”。政治的逻辑是从国家层面均衡各方利益的综合考虑。政治的逻辑具有双重目标：一方面通过向不同的社会群体分配不同的社会价值，推进政治社会化和政治参与，以竞争为手段激发社会活力；另一方面又要试图降低内部损耗和维持稳定来推动社会的整体发展，从而实现基层社会的长治久安。这两个目标是辩证统一的。地方党委在社区治理中处于领导地位，社区党组织是社区治理的领导核心，在基层社会的治理中能够体现其行为的政治逻辑。在政治逻辑的指导下，基层党组织在社区治理顶层设计过程中其工作目标集中体现在如下内容：①在社区的不同群体中进行社会价值的权威分配，提升居民政治参与和自身公信力，吸纳和团结更多的群众；②巩固党的执政基础，增加党在群众中的领导力、号召力和影响力；③政治动员和政治社会化；④维护基层社会稳定；⑤监督基层党员和社区工作人员的行为作风；⑥为社区居民服务，维护公众的利益。根据基层党组织的工作目标，可

① 牟春雪，张存达，蔡小慎．多重逻辑下城市基层治理制度变迁分析［J］．学习与实践，2017（12）：45-52.

以发现政治社会化和政治参与的增加一定程度上会冲击党的权威性，甚至会引起竞争和博弈，但长远来看却是疏解社会矛盾、维护社会稳定的必经之路。

（二）办事处与居委会：科层制的逻辑

《城市居民委员会组织法》将居民委员会界定为基层群众自治组织，居委会的主要工作内容是服务于基层居民。但是，现实中居委会却不恰当地扮演着政府的“代言人”，居委会的资金来源和运营经费基本来自政府的财政拨款，居委会的权力多来源于政府而非居民，居委会异化为以行政命令为导向的基层行政性组织，且行政化的居委会在社区治理中普遍存在。城市社区中的居委会作为社区治理政策的执行者和实践者，本身并不能做出规定，居委会大部分工作都在配合政府的行政事务如收费、济贫扶弱、市容建设、拆迁、贯彻执行上级行政部门制定的政策或章程等。“科层制的逻辑”在居委会的行动逻辑中显著地表现为在执行成本和收益之间的适度权衡，既要迎合上级制定的政绩目标，也要兼顾执行成本。① 在科层制的压力下，政策的执行通过层级节制进行自上而下传导，但执行成本同样约束着基层干部，运动式、选择性的执法就成了社区居委会的行为取向，这样既降低了政策执行的成本，又迎合了上级的要求，在形式上表现出色，与“科层制的逻辑”相契合。② 虽然，社区居委会在推进社区治理现代化中功不可没，但是，政府对社区居委会过多工作要求导致过度的行政化、内卷化。

---

① 吴磊，俞祖成．多重逻辑、回应式困境与政策变迁：以中国社会组织政策为例［J］．江苏社会科学，2018（3）：89-98.

② 周向红，刘宸．多重逻辑下的城市专车治理困境研究［J］．公共管理学报，2016，13（4）：139-150.

（三）业主委员会与其他社区公益组织：公益的逻辑

业主委员会是由全体业主组成的基层群众性组织，成员由业主选举产生。社区内的其他公益组织是为本社区提供公益服务或者在社区登记在册的社区自治组织。业主委员会和其他社区公益组织是社区治理中的重要成员，“公益的逻辑”在其行动中主要体现为积极参与、扶弱济贫、维护社区居民的合法权益、代表居民表达利益诉求和行使监督权等。在公益逻辑的驱动下，他们更加注重社区利益共同体的构建、政策及决议设计过程的参与和政策决议结果分配的公平性。在行为和活动目标上常常表现为：①组织和召开业主大会，与物业公司进行谈判与交涉；②收集业主方、物业方的意见建议，对物业公司进行监督；③参与社区事务，帮扶社区弱势群体，调节社区矛盾；④监督有关政策制度的落实情况。其社区治理需求可以总结为民主参与、促成集体行动、提供公共服务、维护居民权益、参与和监督社区资源分配与使用等。

（四）居民和社区骨干：效率的逻辑

城市社区居民是社区治理的主体，是社区服务的对象，也是制度规范约束的对象。效率逻辑行动下的社区居民常常希望以更少的时间精力成本参与公共事务，同时获得更多优质的服务，甚至在公共生活和无制度约束下采取无成本的搭便车行为。社区骨干是来自居民中具有一定参与意愿、参与能力和威望的居民代表，他们代表居民的利益，动员和凝聚居民力量共同参与社区生活，社区服务效率的提升和服务供给的优化是居民与社区骨干的共同目标。所以，在效率逻辑的驱动下，社区居民和社区骨干的社区行为常常表现为参与决策、争取公共服务、维护个人权益、化解生活难题、监督社区财务资源的使用与分配、反映意见和发表言论等方面。

二、社区治理难题的生成机理分析

多重逻辑视域下社区治理的需求与行为逻辑是错综复杂的，持有不同行为逻辑的参与主体在社区中的需求目标各不相同。如图 3.1 所示，这些制度需求既有短期需求也有长期需求，既有私人需求也有公共需求，不同需求之间既存在冲突也存在重合，而冲突部分便是社区治理的主要难题。城市社区治理空间是政治参与、服务供给和利益博弈的场域，城市社区治理的困境表现为不同参与主体的冲突与纠纷。社区治理中基层党组织、上级行政部门、办事处、居委会、以业主委员会为代表的基层自治组织和居民都一定程度上参与到了公共利益分配和政策法规的制定过程中，不同主体间的张力和逻辑冲突造成了社区的治理困境和制度缝隙。

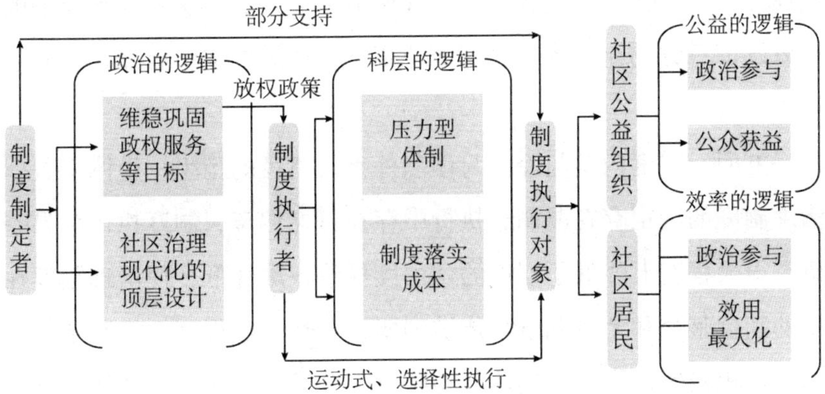

图 3.1 社区治理主体的行为逻辑与互动

（一）多重逻辑冲突下的制度缝隙衍生新的治理难题

治理之道在于如何降低交易成本，因势利导地构架以公共利益为价值取向的城市基层治理结构，将不同行为逻辑和目标的治理主体通过协商达成共识，共同参与社区公共事务。治理不仅表示权力主体是多中心的，权力行使方式也是多元的，不仅需要自上而下的行政命令，还需要推动不同主体间协商、对话和博弈机制的形成，构建多中心的治理秩序。① 但是，在多重逻辑的作用下，不同社区参与主体具有不同的行为动机与个人参与目标，这些目标之间既存在契合，也存在冲突。社区治理制度应基于协调共治的目的来对社区协商、对话和博弈进行制度设计，促进多中心游戏规则的制定和集体行动的形成。城市社区治理中，基层党组织起着主要的领导功能，居委会是主要的组织者和民意收集者，两者在城市社区治理制度的设计中发挥着主导功能。但是基层党组织的政治逻辑，居委会的科层制逻辑与业主委员会、社会组织居民的理性经济人逻辑之间存在着需求冲突和博弈，多方参与者之间存在利益重合也存在利益冲突，政府自上而下设计的制度体系存在一些制度缝隙，造成社区治理存在一些制度无法合理调节的空白点。这就导致当下的治理难以发挥三方的比较优势，反而使不同主体间的劣势叠加，造成了治理困局。②

一方面，制度内参与冷漠与体制外参与路径的衍生。整体来看，社区治理制度的制定存在漏洞，执行中存在目标偏离，制度执行结果差强人意，很大程度上降低了制度的认可度导致权威性低，使治理制度在社区中的利益整合和矛盾调解功能被削弱，并在一定程度上抑制了社区主体的参与积极性，产生了集体行动困难、公共生活惨淡、“独自打保龄球”等治理困境。实践证明，在社区人口逐渐多元、利益需求逐渐多样的新形势下，单一的自上而下的行政命令无法构建起社区治理的良性

① 张洪武．社区治理的多中心秩序与制度安排［J］．广东社会科学，2007（1）：182-187.

② 高秉雄，张江涛．公共治理：理论缘起与模式变迁［J］．社会主义研究，2010（6）：107-112.

秩序，也无法激荡起基层社会的积极要素。在体制内的公共参与和利益表达渠道阻滞的情况下，社区居民与社会组织开始探索制度之外的公共参与渠道。“互联网+”和社区治理的融合逐步深入，公益力量的传输和居民意见的收集也越来越便捷。居民和社区骨干之间能够通过互联网及时互动和交流意见，公益与网络结合使基层居民能够较快获取信息，社区参与成本低，且容易产生涟漪效应扩散成大范围的公益互动。另一方面，治理制度缺失与社区治理现代化之间存在矛盾。社区治理现代化体现在制度建设方面是制度体系由粗糙到精致、由传统精神到现代理念、由一元到多元的全方位变化过程。俞可平提出衡量治理体系是否现代化，至少包含制度化、民主化、法治、效率和协调五个标准，现代化的社区治理格局是多中心主体共同参与治理形式，这意味着对政府唯一权力中心的否定和多元权力主体边界的模糊。[①] 这就对现代化社区治理制度体系提出了要求，但是当下的社区治理制度存在着正式制度与非正式制度不同程度的缺失，制度的调节能力与预见性不足，一定程度上滞后于社区治理现代化的进程。如何确保共同目标的达成以及形塑居民认同以确保权威生成?[②] 这是基层社区步入现代化治理结构重构阶段要面对的过渡性难题。

（二）多元主体信任不足引发的不合作行为

公共行政学者弗雷德里克森在其著作《公共行政的精神》中对政府信任的距离悖论进行描述和论证。距离悖论是指在美国社会，民众对直接为其提供服务的基层政府单位与官员的评价与信任，普遍高于他们

① 张洪武．社区治理的多中心秩序与制度设计［J］．中共南昌市委党校学报，2006（2）：49-53.

② 李广德．社区治理现代化转型及其路径［J］．山东社会科学，2016（10）：77-84.

对距离较远的高级政府单位及官员的评价与信任。① 国内学者李连江也就我国与美国截然不同的差序政府信任格局做出过相关论证。同样的差序格局在基层治理中依然存在，一定程度上反映了我国基层社会力量、居民观念与治理行为的特殊性。与距离悖论不同，我国基层社会治理中存在明显的逆向距离悖论，首先是公众对与他们直接接触和提供服务的社区居委会、基层公共服务机制和基层工作人员抱怨不断，而对接触较少的上级行政部分和政府领导持有好感。逆向距离悖论产生的原因是公众对基层工作部分与服务机构的具体运作过程缺乏足够的认知和信任，而基层组织又没有完备的信息交换机制，这种不对称便显现出来。同时，这也在一定程度上反映出基层组织与服务机构在社区服务供给与治理方式上存在缺陷。近些年，各项权威机构的调研结果表明，在对不同层级政府部门的信任上，民众信任表现出明显的差序格局，更加信任上级政府而对基层行政部门的信任程度较低。此外，民众的信任机制难以构建，社区社会组织与居民之间也难以形成密切的信任关系，利益结构呈现碎片化和多元化是基层社会发展的整体趋势，而且在市场经济的影响下居民逐渐形成独有的价值观和交际网络，很难形成公共精神，也难以构建有效的沟通和信任机制。基层社区差序信任格局的直接影响就是居民在公共事务和公共议题的漠视与不合作行为，居民的参与热情与参与行为被抑制，多元共治的现代化治理格局受到阻碍。

（三）不合作行为破坏了达成公共契约的公共基础

现代化的社区治理着眼于构建相互信任、合作的公共空间与机制。但是，市场经济在中国的发展没有衍生出信用经济所附带的社会信用，城镇化使得大都市成为陌生人的社会，原有的社会利益调节机制和文化

---

① 张晓军，刘太刚，吴峥嵘．政府信任的距离悖论：中美两国为何反向而行？——基于“承诺—兑现”的信任生成机制的分析［J］．天津行政学院学报，2016，18（1）：3-9.

价值共识被打破，社区的社会资本薄弱，难以形成精神和社会共识。按照帕特南的理解，社会契约的实现需要公民的参与、政治平等、团结、信任和宽容等多方要素。目前中国社区居民公共精神的缺失，是传统社会特殊的结构促成的，也是现行基层管理体制的结果。在我国传统的“差序格局”社会结构下，基层居民大多以自身为中心形成亲疏有别的个人社会关系网，这种“特殊化”利益倾向的人际关系网使个体较少关注公共利益。长期以来中国行政化的社区治理体制，形成了社区中政府与社区居民之间统治与被统治、庇护与附庸的关系，也在一定程度上抑制了基层公共精神的培养。但是，当下中国社会的治理结构还没有扭转这种局面，甚至大都市中人与人的距离感在加剧这种局面。由于社会力量发育迟缓，基层社会治理权力系统中社会组织和个人的影响力较小，使得基层社会在推进集体行动与形成公共契约方面心有余而力不足，削弱了社区自治组织的影响力和晕轮效应，进一步抑制了居民参与热情，邻里之间难以建立熟悉感和信任关系，在公共精神和共同利益上缺乏达成契约的社会资本和共识基础。

第三节 社区治理云平台在破解社区治理难题中的工具价值与作用路径

社区治理云平台是社区公共服务、公共参与议事和公共领域治理的综合性平台，这一平台不仅将传统的线下服务转移到线上，更多的是服务内容扩展和服务方式创新。从服务重心和服务内容来看，当下社区治理云平台的价值体现在激活社区公共参与、公共场域构建、共同体意识培养、公共精神培育、公共服务精准化等多方面。

一、社区治理云平台破解社区治理难题的价值探讨

凯斯·桑斯坦曾提出：民主社会必须有表达观点、思想或意见的公共论坛。这个论坛既可以是实体的线下公共场所，也可以是虚拟的线上平台。大众传播网络平台已经是比街道、公园更重要的表达活动的竞技场。[①] 安德鲁·卡巴德斯等学者对网络平台的价值进行了归纳，认为网络的积极影响主要集中在实现平民主义、促进公民直接政治表达、重塑公民社会、促进信息获取与沟通、推进政务服务扩展与革新等。[②] 互联网的出现是政治参与文化转变的重要契机，社区治理云平台承载着公民的民主理想，并尝试将直接的协商民主付诸实践。互联网提供一个让公众表达意见的虚拟空间，并在特定条件下转化为现实的政治过程[③]，"互联网+社区治理"的发展为社区居民从"独自打保龄球"走向公共空间提供了平台和助力。

（一）"互联网+"社区公共领域构建

公共信息平台引领社区居民从"独自打保龄球"走向公共能量场。社区治理云平台为公共领域构建提供了载体。由于社区治理云平台讨论的内容基本都是社区居民的日常生活，讨论的政治问题也是涉及社区居民利益的相关政策，社区治理云平台就顺理成章地成为该基层社会的公共领域。通过这个平台，最普通的居民也能获得相应的知情权和表达权，从而具备了参与社区自治的基础。公共信息平台还是社区多元主体

---

① 桑斯坦．网络共和国：网络社会中的民主问题［M］．黄维明，译．上海：上海人民出版社，2003：258.

② ANDREW K，NADA K K，ALEXANDER K. Reinventing the Democratic Governance Project Through Information Technology［J］. Public Adminstration Review，2003（1）：44-60.

③ 潘祥辉．去科层化：互联网在中国政治传播中的功能再考察［J］．浙江社会科学，2011（1）：36-43，156.

参与社区治理的公共能量场和竞技场，社区媒体所提供公共空间对居民而言往往意味着一个开放的公共系统，在这个平台上，每个人都可以就自己的想法与他人进行沟通，从而影响到社区各种事务的决策。社区治理方案的提出、形成和治理政策的落实应该是一系列重复性的实践活动，经过共同参与反复讨论协商形成的，具有动态性、妥协性和适应性。巴西哲学家弗莱德认为通过一种参与性的方式把信息传达给信息弱势者，通过社区媒体的信息赋权，居民才能开启自己的社区自治之路。利用互联网进行公共领域构建，可以化解社会组织发育不健全的问题，打破行政管理的层级，促进基层事务管理从科层制向扁平化、柔性化和网络化转变。[①] 社区治理云平台为居民共同体意识与信任关系的形成创造了契机。考夫曼用精诚团结特指传统社会中公众典型的协作行为，他把精诚团结作为一种非自私的合作性行为，尤其与市场经济中的理性经济人行为相比，作为一种社会行为倾向，它代表着为他人利益而顺从和牺牲。在这种网络参与中，参与者有共同的价值、共同的精神和情景观，对某一事件的意义有一致的看法，这些安排通过交谈认同从而产生公众认可的成文或非成文的规则，群体的主体意识通过交谈非正式地显示出来，这就是社区利益共同体和公共精神的构建，在相互交流熟悉的过程中，彼此的信任关系也不断积累。政府也能够借助这一公共场域与各类治理主体建构起良性互动的政社关系，扮演好网络公共空间的建设者、公共议程的设置者和社会关系重构引导者的重要角色。

（二）社区治理云平台创新了基层民主参与的实现方式

相关政策颁布以来，不同形式的社区网络平台竞相构建，社区信息公开、线下服务与线上服务结合，社区事务网上办理、网上支付、网上

① 吴青熹. 社会化媒体与社区治理难题的破解：基于社区共同体的分析视角［J］. 南京大学学报（哲学·人文科学·社会科学），2017，54（4）：66-73.

投票、网上投诉建议等交流互动已成为社区治理的重要手段。以上海市宝山区月浦镇“社区通”为例，“社区通”为居民走向公共空间创造了新路径，社区通以其匿名性、开放性、无门槛的特征，促进社会内部的各个要素自由流动，形成了网络民主氛围，提供了平等对话的机会，社会不同利益群体都可以利益网络平台直接地表达诉求与意见，真实地参与或影响社区政策制定。公民自决权、媒介接近权与民主参与得到了较大程度的改善。公民自决权是指公民绕过选举，直接取道拥有主权的公民，用公民直接参与的强势民主取代代表制的弱势民主。长期以来，直接民主成本大，过程复杂，实现困难，但是社区公共网络搭建的参与平台是低成本的、可以反复运用的和直接交流的，对居民在社区治理中公民自决权的实现有重要的价值。互联网的开放性大大提高了他们的知情权、传播权和言论权，也能将他们的观念自由地表现出来，这使得身处网络时代的社区居民与社区治理云平台之间形成一种相互增益的良性互动关系。1967 年，美国学者 J. A. 巴隆首次提出了“媒介接近权”，并将其界定为一般公民拥有的利用传播媒介阐述主张、发表言论以及开展各种社会和文化活动的权利。① 在信息社会，每个社区居民和社会组织都可以做自媒体，都可以通过网络平台发布言论和利益诉求，居民利用各种新媒体自由切换于各种网络平台之间，形成代表居民利益诉求的话语系统，保障了基层民众“媒体接近权”的实现。公共信息平台给予边缘化的居民群体更多的话语权，是化解社区公共领域式微的一剂良药。社区治理中的参与惨淡与政治冷漠很大程度上折射出居民在基层治理中的代表制下没有参与感、获得感与价值实现。公民的权利仅体现在投票和意见箱上，如果可选择的对象有限，那么选票对自身利益的改善效应就更低，居民就越来越失去参与兴趣，并以冷漠的方式进行抗争。

---

① 龚莉红．交融与突破：融媒体视野下高校宣传工作研究［J］．江苏高教，2016（3）：87-89.

改进这种现状的办法就是给予居民更多的话语权和表达空间，扩展公共能量场域。话语的民主一定意义上就是真实民主的实现，它的功能体现在改进民主参与者的意识和观点，同时也驱使每个言说者调整自身意识和行为。这样通过话语表达，让方案制订者倾听到不同的多类型的声音，从而形成体现公共利益的政策方案，也使得公民在理解沟通中提高参与公共事务的热情，改善社区参与低迷的状态。

（三）线上公共领域的构建提升了公权与私权之间的制衡性

互联网搭建的社区公共场域或许是私权对公权进行制衡的工具。网络平台提供了居民与社会组织参与公共事务的体制外渠道，有共同诉求的公众通过社区网络来沟通互动、充分讨论并达成共识，这些共识往往以其影响力和舆情压力进入政策议程，公众得以参与到公共政策的制定过程，网络参与平台的出现成为不同利益群体博弈和协商的桥梁。近些年在我国兴起的"网络问政"就是政府部门运用新媒体进行决策创新的成功事例。① 托夫勒曾预言："信息和权力并进，而和政治息息相关，随着我们进入信息政治的时代，这种关系会越来越深。"② 互联网强化了传播与政治的关系，公共信息平台以其草根性、开放性、互动性等特征改变了社会关系格局，使政府必须直面公众的诉求，回应公众情绪，大大提升了政治过程的透明性，"老百姓终于有了可以说话的地方，这背后凸显的是大众政治的勃兴"③。

---

① 高慧军．新媒体推动公共服务供给转向合作治理模式研究：基于网络社区的形成和功能的分析［J］．华南师范大学学报（社会科学版），2015（3）：117-121.

② 辽宁社会科学院新技术革命课题组．托夫勒著作选［M］．沈阳：辽宁科学技术出版社，1984，9.

③ 朱春阳．政治沟通视野下的媒体融合：核心议题、价值取向与传播特征［J］．新闻记者，2014（11）：9-16.

（四）线上服务平台提升了社区公共服务的精准化

公共信息平台的应用提升了社区治理的智能化、精细化。从总体上看，互联网在社区中的开发与应用推动了社区公共领域发展和公共精神的觉醒，“互联网+社区治理”视域下的智慧社区生态圈逐渐形成。社区中的居民通过微信公众号、智慧社区 APP、客户端等互联网手段来获取社区管理中的相关信息、表达意见建议、获取相关服务、参与社区事务等。“移动业委会”“掌上社区”等形式作为一种新型的“云上互动平台”，已逐渐成为基层政府部门、物业公司与业主良性互动的桥梁，通过推动公共服务平台的信息化、系统化，提升了社区服务的智能化。基层治理主体通过网络为居民提供了信息获取、信息互动与发布、交流沟通、公共参与、集体行动等虚拟场域。网络空间传播与讨论的内容已经超越了社会新闻、焦点事件和国家事务，基层公共事务和生活性资讯也得到广泛的关注，推送的话题更贴近社区公共事务，关乎民生。同时，基于媒体推送和居民反馈日益积累起来的数据信息逐渐积累成社区“大数据”，利用网络平台汇集的大数据进行分析，可以准确判断社区公共生活动态、居民需求与居民偏好，有效监督和把握基层网络舆情，加快提升社区治理的精准化和现代化。政府可以应用社会化媒体的大数据分析，准确判断社区动态，有效应对了解居民需求和社区舆情动向，降低沟通成本，推进治理的精准化和智能化。据了解，城市社会治理大数据平台充分运用了信息化技术装备和网络传媒手段，整合各级各类资源，纵向贯穿区、街道、社区（村、菜场）并延伸至单元网格，横向连接各部门的网格化、可视化数据共享平台。城区社会治理大数据平台的应用，实现了“区—职能部门—街道—社区”多级组织间的协同办公，不仅提高了办事效率，而且拓宽了基层民众反映社情民意、建言献策的途径，使得百姓诉求更加畅通。此外，大数据平台还提供了家政服务、商品配送等海量的便民服务信息，为全区居民提供“一站式”

服务。社区服务平台通过互联网平台推送政策信息、收集居民意见、发现问题、处理问题、解决问题；通过网络平台进行上传下达，协调统一，增强事务处理过程的协同，应对基层社会的各类矛盾冲突和群体性事件。社区治理云平台正日益嵌入居民日常生活，从信息获取延伸到了人际沟通、生活事务、群体协商等诸多领域。

（五）线上信息平台促进了社区信息资源共享

社区治理云平台提供的社区服务是信息社会发展带来的结果，它以现代信息技术为支撑，以社区门户网站、社区 APP 为平台，向社区居民提供了一个平等开放低成本的信息交流平台。服务内容涵盖了公共服务供给、信息公开、公共事务办理、公共参与议事等众多模块。它是信息技术和社区服务创新的整合，既具有公共产品的特点，又体现了信息产品的特性。社区治理云平台还设置了党务公开、居务公开、民主理财、阳光审计等栏目，对照社区职权目录明确的公开事项全面公开，确保居民足不出户就可以知晓社区工作，提高居民民主参与、民主监督的意识，保障居民当家作主权利，整合资源，实现服务功能集约化。“网上居委会”“网上新社区”“网上行政服务中心”和“12345”便民服务网在服务内容、方式、流程上全面接轨，统一负责接收、办理、沟通、反馈，实现“一条热线统管”。例如，通江社区就通过构建智能化社区网络平台，开发服务居民的信息发布、网上查询咨询、线上预约办理、绩效监督、交流反馈等功能模块，涵盖了街道社区 540 余项服务内容。[①] 同时，加强信息化建设统筹规划，通过“网上村委会”“网上行政服务中心”“网上新社区”平台建设，融合社区公共服务应用，构建覆盖全市的社区公共服务综合信息体系，保证居民及时便捷获取信息，

① 王惠燕．社区公共服务综合信息平台的建设与研究：以哈尔滨市为例［J］．上海城市管理，2018，27（3）：14-18.

方便群众生产生活，提升了社区公共服务效能。部分社区通过“一个网站、两个平台、三级联动”实现智能服务，整合区级职能部门、街道、社区信息资源，促进基层社会的信息共享。

二、社区治理云平台破解社区治理难题的路径探讨

社区治理云平台是破解社区治理诸多难题的重要工具，以下本书将从公共场域构建—公共意识和参与行为培养—基层治理结构体系构建—治理过程现代化等多环节的传导作用，对公共信息平台在破解社区治理难题的作用路径进行探讨。

（一）由平台到空间：从网络参与平台到公共场域构建

2016年，民政部指出，“有些地方对关于公众的利益议题讨论较少，协商形式单一，不能充分了解群众意见，造成了群众参与的广泛性和积极性不足”。拓宽居民参与渠道，搭建平等开放的公共协商平台是构建现代化社区共治格局的关键。[①] 社区治理云平台为社区居民提供了畅所欲言、信息共享和协商互动的虚拟平台，作为体制外的社区参与渠道，居民的话语、诉求、互动与生活议题等要素共同构建起了一个以公共议题为中心的公共能量场。这种公共场域的广泛性、超时空、低成本和开放性是线下实体无法比拟的，却也是线下治理机关洞察民意、收集意见的重要渠道，线上线下融合打造一个协商互动的平台与虚拟网络空间。正如卡斯特对“网络社会”的界定，虚拟网络平台是既连接着现实，又独立于现实的虚拟社会，是公共场域从现实社会向虚拟空间的拓展。社区治理云平台越来越成为多元主体关于社区公共事务博弈互动的公共能量场，这也是互联网的普及所引发的社区参与方式变革。

---

① 民政部政策研究中心．民政部关于深入推进城乡社区协商工作的通知（民发〔2016〕134号）[EB/OL]．中华人民共和国民政部网，2016-08-19.

（二）由治理空间到治理结构调整：从边缘化参与到多中心治理权威形成

当下社区治理的关键在于能否“有效沟通”。现代化的社会治理不再是单一的政府行政行为，而是多种社会力量的协商、参与互动；不仅需要公共参与场域，还需要构建起混合多元的治理格局。首先，这一过程是参与行为与空间的融合。从公共网络空间的参与主体来看，几乎囊括了社区生活中的所有社区主体，大致可分为行政部门、私营组织、公益组织、居民四大类，不同社区主体都是社区传播网络中的节点，也是公共议题的主要发起者和网络舆论的风向标。社会力量从治理边缘走向治理的舞台中心，最显著的影响将是基层治理结构的重塑。其次，网络空间为社会参与主体的政治社会化和参与行为塑造提供了条件。网络空间是充满活力和平等开放的，那些边缘化的群体能够在互联网上找到表达的空间，在互联网上他们能找到有着相同目的的人，自由言谈，休戚与共。① 一个良性互动的传播网络对于凝聚社区认同感和归属感十分重要。最后，公共信息平台为以居民权益为中心的话语体系的形成提供了土壤。居民通过网络空间交流信息、学习参与规则和技巧，表达个人诉求，共同明确基层公共服务供给偏好与指向，居民间的认同感、归属感和共同体意识是在频繁的交往中逐步积淀而成的。霍兰德和斯伯坦斯曾经指出：“社区传播在特定地理空间里创造公共空间，并且在互动中形成认同。”基层公民关于公共事务和公共利益更具有共识和契约精神，从而破解社区治理的共同体困境。

（三）由治理结构调整到治理过程现代化

一是治理过程的现代化促进了现代化治理体系的形成。社区治理云

---

① 叶剑锋，杨磊．网络空间主流意识形态话语权的生成逻辑及建构路径［J］．湖北行政学院学报，2018（5）：16-20.

平台塑造社区公共参与意识，推进现代化治理格局的形成，也在不断优化治理生态环境，使治理过程更加透明、高效，最终实现基层治理理念与现代化治理体系的形成。二是以大数据为中心的现代化社区服务模式提升了社区公共服务的精准化。社区治理云平台在社区生活与服务供给过程中沉淀了海量的数据，将这些数据收集整合成信息数据库可以更加动态准确地把握与居民生活密切相关的社会经济与社区生活问题。政务部门可以基于这些海量的数据进行大数据分析，把握居民的偏好与需求倾向，总结社区公共服务供给的重心与规律，提升基层服务的精准性。同时，还可以将这些数据对外开放，使企业利用这些数据优化基层服务形态和服务模块设计，创新服务内容，使现代化的社区服务从基本公共服务领域向电子商务领域延伸。

第四章

云平台对于社区治理价值的实证分析

——以 CGSS2015 的数据为样本

我国社区建设的行政化色彩浓厚，社会资本积累缓慢，基层社会组织和个人关系网的影响力有限，诸如维持公共活动、协调公共利益的物质资源或关系网络还存在不足。基层社会自身的力量还没有得到充分的激活和利用，存在着社区共同体缺失、公共精神匮乏、公共参与乏力、社区认同度偏低、难以通过平等协商达成共识等难题，比较直观的表现就是居民对社区公共活动普遍参与较少。2015 年上海市政府所做的社会调查结果显示，调查对象中约 70%的居民从未参与任何社区公共活动，经常参与社区公共生活的居民仅占 10%，并且参与的大多是文体方面的文娱活动，关于社区建设、公共利益、社区资源配置等方面的政治性活动却很少涉及。① 线上公共平台的引入能否改变这种现状？互联网的出现对社区公共生活产生了什么样的切实影响？这些正面或负面的影响是如何发挥作用的？本章将从互联网的使用、社会资本的积累与社区公共构建的关系中，探索网络平台的使用对在社区治理产生的影响及其影响方式。所以本章要讨论的核心问题有两个：其一，网络平台的使用对社区治理的影响分析，即验证互联网的使用在社区治理中的真实影

① 《上海年鉴》编纂委员会 . 上海年鉴 2015 [M]. 北京：中国统计出版社，2015：1-67.

响。其二，互联网发挥影响的作用方式分析，即通过分析互联网的使用与公民意识的关系，公民意识对社区规范化参与渠道的影响、对社区信任的影响以及对社区互动的影响，来解释“互联网+”对社区治理的负面影响及其作用路径。

第一节　相关理论与假设提出

一般的社区公共领域是社区居民参与社区生活，处理社区公共事务，进行邻里交流的公共场所，具有一定的实体空间，如社区娱乐活动室、社区公共投票空间、社区图书馆、阅览室等公共场所。“互联网+”时代的社区公共领域还包括社区公共信息平台、社区公共号、业主微信群组等公共网络空间。因此，对社区公共领域的研究也从线下场所的空间规划延伸到社会关系构建、治理规则制定、公共意识培养等方面。随着单位制的解体，政府—社区、社会—家庭的二元间隔正在形成，城市社区人口越来越多，关系相对疏远，是彼此鲜少联系的陌生人社会。社区公共服务供给，除了依托政府外，社区居民的自我教育、自我管理、自我服务还紧紧依托于社区公共领域。在社区共建共治共享的战略布局和政府职权重心下移的整体趋势下，社区公共领域是提升基层居民参与积极性，拓宽基层参与渠道，促进集体行动达成的重要支撑。社区公共领域成为填补政府逐步退出、社会稳步进入所形成的社区治理网络间隙的场域。

一、理论分析

（一）公共领域构建的界定与分析维度

按照哈贝马斯的理解，公共领域是介于私人领域和公共权威之间的社会生活领域，公共意见和舆论在这里生成，原则上向所有公民开放，公众可以自由地集合和组合，自由地进行批判和表达诉求。① 它不仅为社区处理日常公共活动提供了场所，也为重构基层社会治理格局、化解邻里冲突、培育公共精神、供给公共服务提供了载体。② 流动性的公众、具有批判意识的公众舆论、公众场所是其基本要素，交往规则是其构建的准则，交往理性是其协调准则。可见，社区公共领域是一个开放、松散但是遵循规则的公共场域，它需要批判、理性、宽容等共识和精神为话语民主的形成提供一定约束性的制度保障。因此，本书认为，活跃有序的社区公共领域构建不能仅仅关注场所构建，更重要的是要注重公共空间的规范化参与、居民共同体意识的培养、参与效能感的提升和居民社会网络关系的联结。对于当下社区公共领域构建的考察，需要从这四个维度进行综合测量。

1. 规范化参与是公共领域有序运转的保障

社区公共空间是社区多元主体自主参与的交流协商平台，社区居委会讨论社区公共事务、丰富社区生活、完善社区服务需要在一定规则秩序的基础上进行。涉及社区居民自身利益时，居民可以通过向社区法官、社区居委会、有关部门进行信息反馈，但是无序的、非法的参与方式一定会破坏社区公共生活的契约精神与长久秩序。我国基层社会公共领域大多是在政府引领下进行筹建，或者由居委会牵头邀请居民加入的公共平台；公共领域与国家不是对抗关系，政府力量的适当介入为公共领域的权威性提供了支持，相关公共参与条例与规章也为公共空间的有序运转提供保障，规范化的参与渠道是社区公共领域持久有序运转的基

① 哈贝马斯．公共领域的结构转型［M］．曹卫东，译．北京：学林出版社，1999：201.

② 福克斯，米勒．后现代公共行政：话语指向［M］．楚艳红，译．北京：中国人民大学出版社，2002.

本条件。

2. 社会网络参与是居民达成公共契约的土壤

“社会网络”最早由英国著名人类学家 R. 布朗提出，用来探讨文化如何规定有界群体（如部落、乡村等）内部成员的行为。Wellman 提出“社会网络是由某些个体间的社会关系构成的相对稳定的系统”，是联结行动者的一系列社会联系或社会关系。① 社会网络往往随着人们的交往范围扩大不断得到拓展，从而不断加深不同主体间的社会联系或者生成新的社会关系。从哈贝马斯将公共领域界定为一个公共辩论的讲坛、俱乐部、培育公共精神的载体等理念可以看出，社区领域本质上是不同参与主体关于公共事务进行讨论、协商并达成契约的场所，居民的社区社会网络参与行为是与其他居民发生联系、彼此熟悉和产生互动的过程，这些将增强不同主体间的信任、认同感，为社区公共精神的培育提供土壤。社区公共空间在具体形式上展现为居民在公共场域内自由集合，交流信息、意见表达、构建合作关系、达成契约，不管是现实的社区议事厅、睦邻中心、社区驿站，还是虚拟的社区网络参与平台。能否激发普遍的居民参与，能否构建密集的社区参与网络，才是培育公民精神、达成社区集体行动的基础，社区关系网络的构建是社区公共领域构建的起始点。

3. 参与效能感是激活居民公共参与的动力源泉

著名心理学家 Bandura 在其著作《思想和行为的社会基础》中将自我效能感界定为“人们对自身能否利用所拥有的技能去完成某项工作行为的自信程度”。他还在著作中提出，人们对于自身完成特定行为的预测，包括结果期望和效能期望两方面。关于结果的期望是个人对特定行为将会造成的结果的预测，对结果好坏的预测会对个人的行为选择产

① WELLMAN B，BERKOWITZ S D. Social Structures：A Network Approach［M］. New York：Cambridge University Press，1988：1-14.

生影响。Bandura 还对效能期望进行了界定，他认为效能期望是个人对自己能否完成某种行为的能力进行的预测或判断，这本质上是个人在采取某些行为时的自信心，如果个人确信自己能够成功地进行带来某一结果的行为，即具有足够的能力完成既定目标，那他的“自我效能感”就会较高，采取这个行为的可能性就更大。社区参与中普遍存在的社区参与不足、居民公共态度冷漠现象，很大程度上是社区居民的参与效能感不足导致的，居民缺乏足够的信任和效能期望很大程度上抑制了其参与冲动与参与热情，导致公共空间自主性不足等。因此，居民公共参与信心和参与效能感是社区公共领域构建的重要方面。

4. 公共场域意识是公共领域构建的精神支持

公共场域意识是社区中居民对其所在地域“社会生活共同体”的共识和价值认同，社区中多元主体基于交流、合作与妥协生成公共价值，这是社区公共生活的合法性基础，也是孕育公共精神的母体。公共场域意识具体可以分为两个层面。一是公共价值观，包括信用意识、妥协意识、合作意识在内的公共性意识。从公共性维度来衡量公共领域的构建情况，需要考察社区参与主体的公共价值和公共性意识。居民走进并参与到公共场域意味着从只关心个人利益转变到关心公共利益，这一过程就是社区共识的达成和共同体意识的培养。① 二是规则意识与法治意识。社区居民的公共参与需要遵循一些具有规范性和约束性的公共规则，并将这些规则内化为自身的行为意识，培养交往理性。治理规则是居民公共意见的凝结和社会契约的达成，治理规则的合法性源于社区主体的公意和不同主体共同参与制定，基于法律与规则的有序参与才能达成有利于公共利益的意见共识和持续参与行为。

---

① 李怀，武艳楠．城市“社区社会需求”整合：一个重建社区公共性的分析［J］．兰州大学学报（社会科学版），2017，45（4）：44-53.

（二）社会资本的价值定位与分析维度

社会资本代表了个人或组织的社会关系，在社会网络中个体的社会资本水平决定了其在网络结构中的地位以及拥有的资源。在社区公共领域的构建中，需要考察社区社会资本的积累状态以及社会成员之间的彼此认同程度。社会成员的熟悉程度越强，越容易产生信任，社会信任是社区居民彼此合作、产生互惠行为的基础。法国社会学家 Pierre Bourdieu 首先提出的“社会资本”概念，将社会资本定义为“通过对一个熟悉的、具有制度化网络的持久占有而获得的某些存在或潜在的资源总和”①。“社会资本”最初用来表示个人或家庭在生活互动中的资产，如良好的意愿、同胞感、同情心等。后来，“社会资本”发展为表示人群之间自然发生的社会关系，泛指个人或群体在一种组织结构中所处位置的价值和成员之间互帮互助行为的累积。这种“社会资本”可以促进集体协调行动，形成具有社会信任的社会网络系统。与此同时，在积累社会资本的过程中，可以培育参与者意识，提高参与者对集体利益的积极性。②

Coleman 也指出社会资本主要存在于社会团体和社会关系网之中，个人的社会网络规模越大、异质性越强，其社会资本就越丰富。③ 20 世纪 70 年代之后，布迪厄从“场域”和“资本”的角度出发对社会资本进行分析，他认为场域就像一张社会网，连接着各类社会群体，表现为多元的社会场合或社会领域④，不同团体所获得的社会资源因其所占社

① BOURDUEU P. The Forms of Capital [M]. New York: Greenwood Press, 1983.

② 辛昌茂，杨善发．社区卫生服务发展困境及其破解：集体行动理论的视角 [J]. 江淮论坛，2009 (6): 132-136.

③ JAMES C. Social Capital in the Creation of Human Capital [J]. American Journal of Sociology (Supplement), 1988, 94: 95-120.

④ 陈宇秦．社会资本理论研究的局限及应注意的问题 [J]. 重庆工商大学学报（社会科学版），2006 (6): 50-53.

会地位不同而有所差异。[①] 罗伯特·普特南认为社会资本是社会组织的某种特征，诸如信任、规范以及网络，可促进相互利益的协调与合作。[②] 科尔曼对社会资本做了比较全面的分析，指出社会关系持续存在是因为本身存在互相的利益输送，行动者存在相关利益就会进行互动交流。[③] 社会资本对公共参与的影响也是研究的议题之一，蕴藏于社区中的集体性社会资本制约着人们的行动选择，促使人们采取一些公共参与行动，更多地与社区联系起来。[④] 一项对意大利、美国、伊朗三国的比较研究显示，社区归属感与社区参与之间具有正相关关系。[⑤] 汉斯·科尔曼认为社会资本在公民社会中非常重要，许多通过个人行为产生的集体行为困境，可以通过社区的自治形式加之政府的威权得以妥善解决。通过分析以往关于社会资本的研究可以发现，社会资本的考察可以基于两个层面：一是意识关系的维系，即人与人之间的信任关系培养；二是合作行为的产生，即基于信任与认同的合作互动行为。据此，本书将对社区社会资本的考察界定为社区信任和社区互惠两个维度。

二、假设提出

（一）互联网的使用与社区公共领域构建间的关系

互联网和信息技术在社区领域的开发与应用为社区公共领域的构建

① 潘玉庆．社会资本理论与创新型组织文化建设［J］．国外社会科学，2009（9）：109-122.

② 普特南．使民主运转起来［M］．王列，赖海榕，译．南昌：江西人民出版社，2001：195.

③ 科尔曼．社会理论的基础［M］．邓方，译．北京：社会科学文献出版社，1999：45-47.

④ 黄桂荣，桂勇．集体性社会资本对社区参与的影响．基于多层次数据的分析［J］．社会，2011（6）：1-16.

⑤ CICOGNANI E C，PIRINI C，Keyes M，et al. Social participation，sense of community and social well being：A study on American Italian and Iranian university students［J］. Social Indicators Research，2008，89：97-112.

提供了技术和平台支持，通过互联网构建起网络论坛、网络报刊、社区网站、博客、微博、微信、APP、数据中心等各具特色的公共服务平台。社区公共领域构建的是一个抽象概念，为了更准确地把握互联网的使用对社区公共领域的影响，以及互联网的使用与公共领域构建不同维度间的关系，本书通过案例的形式加以阐述。

案例：2017年上海市宝山区“社区通”APP开始尝试运行，并在基层群众中产生强烈的反响。所辖区域内的453个居委、104个村全部上线，51万余名居民实名加入，居民活跃度达到4751万人次，是目前国内覆盖率最广、活跃度最高的社区网络平台。“社区通”设立社区公告、党建园地、办事指南、议事厅、左邻右舍、警民直通车、家庭医生、物业之窗、业委连线、公共法律服务、邻里交流、社区服务、宝山大调研等众多模块。同时，宝山区还将工会、共青团、妇联等社会资源在“社区通”上进行整合。通过这个线上平台，基层群众需求得到传递，居民在线上更加活跃，基层自治组织、基层干部、基层党组织和群众的声音彼此交融，逐渐从“你和我”变成“我们”。“社区通”还通过线上的信息共享、左邻右舍等方式，使居民逐渐从线下“门对门陌生人”变成线上社区里的“老熟人”。调研中了解到，“社区通”构建一年多，就产生了议题8823个，形成公约1020个、项目525个，解决群众问题3.6万余个。“社区通”还鼓励群众自下而上提出议题，在线上平台形成项目、订立公约。过去，社区公约往往是自上而下制定的明文规定，但借助“社区通”，社区公约是居民提出、共同讨论、表决形成的，执行的阻力更低。依托“社区通”，宝山各社区建立了“提出议题—把关筛选—开展协商—形成项目—推动实施—效果评估—建立公约”的操作链，让广大“上班族”群众也广泛参与到社区事务中来，将居民的提议与讨论转化为众多的社区公约和村规民约。在小区综合治理改造中，宝山三村通过线上平台征集居民意见，公开讨论改造方案，公开改造的全过程，得到了居民的一致好评，对此居民们纷纷点赞："我们的小区我们做主。"（案例根据社区调研与报刊信息整理得到）

首先，社区公约与议事规则的完善。"社区通"作为社区治理云平台的典范，在促进社区居民提出议题、形成议事规则、完善社区公约方面发挥了重要的作用。通过社区治理云平台，居民构建起了"提出议题—把关筛选—开展协商—形成项目—推动实施—效果评估—建立公约"的操作链，将许多工作时间无法参与社区活动的"上班族"也吸纳进来。从治理规则完善和影响力扩大方面来看，社区治理云平台对社区规范化参与具有促进作用。其次，公共领域的平台建设。从案例中可以看到，社区居委为居民提供了议事厅、业委连线、物业之窗等服务板块，居民只要通过"社区通"APP 就可以畅通地参与社区公共事务的讨论，并与其他居民交流信息、意见。从公共领域的构成要素来看，社区治理云平台的应用将居民之间、居民与基层干部之间的互动交往从现实生活延伸到了虚拟空间，为自由、平等、宽容的网络讨论和批判精神以及公共舆论的生成提供了新的空间和环境，一个全新的公共领域形态——网络公共领域已经初步形成。这样网络媒介比之传统媒介更能承担起公共领域沟通、交流、讨论和辩论的功能，网络公共领域成为最理想的表达和沟通平台。① 再次，居民参与效能感的提升。调研中了解到，居民对"社区通"的肯定与接纳很大一部分原因是网络平台提升了信息的公开程度和反馈效率。社区居民的意见被采纳、信息获取便利、需求和呼声能够得到回应，居民的参与热情和参与信心被激发出来，基层自治的活力与能量得到释放。可以看出，社区治理云平台对提升居民信心与效能感具有重要的促进作用。最后，公共场域意识的培养。社区治理云平台为社区公共场域的构建创造了条件，不仅从技术层

---

① 熊光清．网络公共领域的兴起与话语民主的新发展［J］．中国人民大学学报，2014，28（5）：88-92.

面打破了时空限制和信息垄断，还实现了不同阶层社会群体的自由沟通，重塑了政治过程与社会生活场景。分析案例发现，通过“社区通”，基层党组织以此为媒介，将工会、共青团、妇联、居民等进行整合，从“我和你”变成“我们”也意味着居民归属感和共同体意识的提升。通过线上线下的互动，社区居民对周围事物和公共生活的关注度提升了，在线上平台居民彼此的熟悉度也提升了。可见，完善公共参与平台有助于增进社区的共同体意识和邻里间的和谐水平。① 伴随着社区公共领域的日渐完善，公民意识和公共参与精神也日渐勃兴。虽然伴随互联网快速成长起来的公民意识也存在一些问题，如热衷于表达自我诉求、缺乏妥协精神、喜欢网络围观等②，但整体看来，互联网的使用和相关线上平台的推广很大程度上促进了社区公共领域的建设和居民公民精神的培养。

基于理论推断与现有的实证分析结果可以提出假设 H1——互联网的使用对社区公共领域构建具有正向的影响，互联网的使用会从多个维度对社区公共领域构建产生积极的影响。本研究将通过中国社会综合调查的数据，围绕社区公共领域建设的关键要素进行分析，并对居民上网频率与社区公共领域构建不同维度之间的关系进行验证。

H1：互联网使用频率正向影响公共领域构建

H1-1：互联网的使用频率正向影响社区规范化参与

H1-2：互联网的使用频率正向影响居民社会网络参与

H1-3：互联网的使用频率正向影响居民参与效能感

H1-4：互联网的使用频率正向影响居民公共场域意识

---

① 李怀，武艳楠．城市“社区社会需求”整合：一个重建社区公共性的分析［J］．兰州大学学报（社会科学版），2017，45（4）：44-53.

② 黄丽娜，盛兰．互联网使用、社会资本与公民意识：基于 CGSS2013 数据的实证研究［J］．新闻界，2017（7）：63-72.

（二）社会资本与社区公共领域构建

居民对社区的认同感、归属感以及彼此间的熟悉程度是社区公共领域构建的重要基础。从参与者维度看，“公共性”指人们就共同关注的议题开展讨论和集体行动，从私人领域走向公共空间，社区的公共领域需要建设社区多元主体或社区居民的地域社会生活共同体的共识和认同感，增强邻里间的熟悉程度与信任程度，形成紧密联结的社会关系。“在一个相互熟悉、团结互助的社区，规范和互信都不难建立。通过社区论坛的互动、交流，社区内各主体能达到理解与合作，进一步增进社区社会资本形成。”① 可见，社区居民间的信任关系和社区互惠行为对社区公共意识的形成和集体行动的达成具有积极的影响。帕特南在其著作《让民主的政治运转起来》中明确阐明了社会资本的特征，还提出公民参与网络，认为在一个稳定的地理范围内，共同的历史文化背景会使人相互熟知并合作构成一个紧密的公民参与网络，这种公民精神及公民参与所体现的就是社会资本。中国的情况与其他国家既有共同之处，也有其自身的特殊性。国内的研究者大多也都认为社会资本对社区公共参与具有积极的促进作用，认为社区资本是影响社区参与水平的重要因素。② 居民社区认同感越强，对小区公共活动的参与积极性越高。③ 潘柄涛研究表明，社会资本（网络、信任、互动和规范）对社区参与具有较强的解释力。④ 陈捷、卢春龙在研究中发现社会资本的不同维度对

① 普特南．使民主运转起来［M］．王列，赖海榕，译．南昌：江西人民出版社，2001：95.

② 涂晓芳，双凤．社会资本视域下的社区居民参与研究［J］．政治学研究，2008（3）：17-21.

③ 张红霞．不同居住区居民社区参与的差异性比较：对上海两个社区居民参与情况的调查［J］．社会，2004（5）：54-56.

④ 潘柄涛．社会资本与居民社区参与：基于深圳 3 个村改居社区的实证分析［J］．学习与实践，2009（6）：126-131.

基层治理的影响存在差异。① 科尔曼认为“信任”是社会资本中至关重要的一环。福山也有过类似论述，他认为在社会资本中，就是因为社会成员中拥有一套非官方的、容许他们之间合作互利的价值体系，所以产生了相互信任。② 因此，可以做出假设：社会资本对社区公共领域构建具有积极的影响。由于对社区资本的考察往往从社区居民信任程度、社区认同、社区互动与互惠行为等多个维度进行综合考察，社区信任关系的测量与社会互惠行为的测量存在较大的差异，本书在测量社区社会资本时，选择从社区信任和社区互惠行为两个角度对社会资本进行测量，并将社区信任和社区互惠与社区公共领域构建之间的关系分别进行讨论，分别提出假设 H2——社区信任正向影响社区公共领域构建，假设 H3——社区互惠正向影响社区公共领域构建，并对社区信任和社区互惠对公共领域构建不同维度的影响做出了预测。

H2：社区信任正向影响社区公共领域构建

H2-1：社区信任正向影响社区规范化参与

H2-2：社区信任正向影响居民社会网络参与

H2-3：社区信任正向影响居民参与效能感

H2-4：社区信任正向影响居民公共场域意识

H3：社区互惠正向影响社区公共领域构建

H3-1：社区互惠正向影响社区规范化参与

H3-2：社区互惠正向影响居民社会网络参与

H3-3：社区互惠正向影响居民参与效能感

H3-4：社区互惠正向影响居民公共场域意识

---

① 陈捷，卢春龙．共通性社会资本与特定性社会资本：社会资本与中国的城市基层治理［J］．社会学研究，2009（6）：87-104.

② 福山．大分裂：人类本性与社会秩序的重建［M］．刘榜离，等译．北京：中国社会科学出版社，2002：84-86.

第二节　数据来源与变量选择

一、数据来源与变量选择

本书使用2015年中国综合社会调查CGSS项目的调查数据。2015年的CGSS项目调查覆盖了全国28个省，完成有效问卷10968份。此数据采用多阶段分层抽样的方式，收集了来自社会、社区、个人等多方面的数据。除了核心模块（A部分）外，还加入了2005年经济态度和行为评价的10年回顾模块（B部分）、东亚社会调查（EASS）的工作模块（C部分）、国际调查合作计划（ISSP）的工作模块（D部分）、能源模块（E部分）和法制模块（F部分），其中A和B部分所有受访者都要回答，而C和D部分抽中概率均为1/6，E和F部分的抽中概率均为1/3。由于F模块涉及本研究的核心变量，因此，本研究以F部分的3663份抽样数据为样本进行研究，用SPSS21.0与Stata14.0对数据进行处理。

本书自变量选取了互联网使用频率，社区信任、社区互惠三个变量，具体如表4.1所示。社区“互联网使用频率”这个变量来自2015年CGSS问卷的B285题，变量数值根据Likert 5级量表进行设计，数值越大，表明程度越高，最小值为1，最大值为5。Uphoff在研究中用人与人之间的社会信任、合作、社交中扮演的角色来对社会资本进行划分。① 侯江红在研究中选取邻居、朋友来度量居民个体的社交规模，并

① NORMAN U. Understanding social capital: learning from the analysis and experience of participation social capital: a Multifaceted Perspective [M]. Washington: World Bank Publications, 2001: 215-247.

将社会资本的维度分为社会信任程度、邻里交往熟悉程度、与朋友交往的频繁程度。① 吴玉锋选取“请问您与其他朋友进行社交娱乐活动的频繁程度？”对居民社会互惠行为进行测量。② 所以，本书将从居民社会信任、远邻信任、近邻信任三个维度对社区社会资本进行测量，并取其均值作为社区信任度指标；社区互惠由邻里熟悉程度、邻里社交、朋友社交三个变量进行综合测量，取其均值作为衡量指标。同时，本书对相关测度进行了信度、效度检验，具体信息见表 4.1。

表 4.1　自变量的选取与测度

自变量	测度	因子载荷
互联网使用频率	A285 过去一年，您对互联网（包括手机上网）的使用情况	
社区信任（Cronbach's α=0.6）	A33 总的来说，您同不同意在这个社会上，绝大多数的人都是可以信任？	0.540
	B101 在不直接涉及金钱利益的一般社会交往/接触中，您觉得（近）邻居可以信任的人多不多？	0.866
	B102 在不直接涉及金钱利益的一般社会交往/接触中，您觉得远邻/街坊以外的居民可信任的人多不多？	0.872
社区互惠（Cronbach's α= 0.8）	B12 您和邻居、街坊之间的熟悉程度是怎样的？	0.967
	A31a 请问您与邻居进行社交娱乐活动的频繁程度是？	0.967
	A31b 请问您与其他朋友进行社交娱乐活动的频繁程度是？	0.634

① 侯江红，刘文婧．社会资本对居民健康与主观幸福感的调节效应：基于中国社会状况综合调查的分析［J］．武汉理工大学学报（社会科学版），2019，32（2）：105-112.

② 吴玉锋．社会阶层、社会资本与我国城乡居民商业保险购买行为：基于 CGSS2015 的调查数据［J］．中国软科学，2018（6）：56-66.

拉扎斯菲尔德通过研究选举问题发现群体在政治态度形成和做出投票决定方面有着重要作用，即政治态度受到了群体因素的影响。研究发现，由于性别、年龄、种族、宗教倾向的不同，人们从属于不同的群体，群体成员在选举中倾向于投一样的票。① 研究中发现，不同群体的不同态度会对社区公共领域构建、社区集体行动和整体的参与情况产生一定的影响，不同群体的社会公平感、生活满意度和公民意识的强弱会呈现不同的社区参与状态。同时，处于不同年龄阶段、不同收入水平、受教育程度、职业属性和社会阶层的公民在信息获取方式、政治参与习惯和个人价值观方面也存在显著差异。据此，为了减少一些群体特征对主要解释变量对于被解释变量影响的干扰，本书基于以往的相关研究，对年龄、户籍、受教育程度、政治面貌、所处社会阶层、家庭经济状况、幸福感与社会公平等变量进行控制，具体变量信息见表 4.2。除了年龄以外，其他控制变量均为定序变量，数值越大，说明等级越高。

表 4.2　控制变量的选取与测度

控制变量	测度
1. 年龄	您的出生日期是?
2. 户籍	您目前的户口登记状况是:
3. 受教育程度	A7a 教育程度：您目前的最高教育程度是?
4. 是否加入党派	A10 政治面貌：加入特定党派=1，群众=0
5. 社会阶层	a431 所属阶层
6. 家庭经济状况	您家 2014 年全年家庭总收入是多少?
7. 是否幸福	A36 总的来说，您觉得您的生活是否幸福?
8. 公平感	A35 总的来说，您认为当今社会是否公平?

① 黄丽娜，盛兰．互联网使用、社会资本与公民意识：基于 CGSS2013 数据的实证研究 [J]. 新闻界，2017 (7)：63-72.

本书的被解释变量为公共领域构建，由于学界尚没有直接的测度，本书以社区公共领域构建的四个主要维度为标准选取了如下问题进行综合测量，取其平均值作为衡量公共领域构建的综合指标。公共领域构建是基于规范化参与、社会网络参与、参与效能感、公共意识四个维度加权求取均值的一个综合测度，不同维度的测量选取了对应的测度项，测度项根据 Likert 5 级量表进行设计，数值越大，表明需求程度越高，最小值为 1，最大值为 5，各变量进行了信度效度检验，均已达到信度效度要求，具体信息见表 4.3。在可靠性检验中，Cronbach's 系数都达到了 0.6 的标准，变量的内部一致性较好，信度可以通过检验；变量的效度检验中因子载荷都大于 0.5，效度通过了检验，详见表 4.3。雷咸胜在研究中通过问卷中“您与邻居进行社交的频繁程度如何？您与其他朋友社交娱乐的频繁程度如何？”的两个小问题来对居民的社会网络参与行为进行测量①，本书对居民社会网络参与的测量选择也采用了类似测度。有序的政治参与是公民于既定政治框架内，基于法律、惯例等合理规制，通过常规政策参与渠道，对政府权力运行进行干预的政治行为②，包括选举型参与和诉求型参与（例如，找行政机关解决、信访、到法院起诉等）两类。③ 本书也选取了基于法律、惯例等合理规制的参与渠道对居民规范化参与进行测量。政治参与感是居民对未来行为结果和个人影响能力的预期，本书选取居民对自身政治参与和发挥影响力的难易程度测量来测量参与效能感。公共场域意识是公共精神的内核，包含了公共规范意识、公共参与意识、公共利益意识等反映个人现代素养

① 雷咸胜．社会资本对基本医疗保险参与的影响：基于 CGSS（2015）数据的实证分析［J］．华中农业大学学报（社会科学版），2019（5）：146-155.

② 金太军，周义程．政策过程中公民有序参与有效性的影响因素：基于系统论视角的考量［J］．学术界，2014（5）：84-92.

③ 李辉婕，胡侦，陈洋庚．资本禀赋、获得感与农民有序政治参与行为：基于 CGSS2015 数据的实证研究［J］．农业技术经济，2019（10）：13-26.

的诸多要素，本书选取了规则意识、公共利益意识、信用意识三个维度对公共意识进行测量。

表 4.3　因变量的选取与测度

因变量	测度		因子载荷
y1 规范化参与渠道（Cronbach's α=0.7）	实际生活中如果发生被机动车撞伤、被拖欠工资、邻居装修房屋影响睡眠等比较严重的侵权事件，您认为下列方式的效果如何？	F151 双方协调	0.617
y1 规范化参与渠道（Cronbach's α=0.7）	实际生活中如果发生被机动车撞伤、被拖欠工资、邻居装修房屋影响睡眠等比较严重的侵权事件，您认为下列方式的效果如何？	F152 有关方面调解	0.830
y1 规范化参与渠道（Cronbach's α=0.7）	实际生活中如果发生被机动车撞伤、被拖欠工资、邻居装修房屋影响睡眠等比较严重的侵权事件，您认为下列方式的效果如何？	F153 行政机关调解	0.807
y1 规范化参与渠道（Cronbach's α=0.7）	实际生活中如果发生被机动车撞伤、被拖欠工资、邻居装修房屋影响睡眠等比较严重的侵权事件，您认为下列方式的效果如何？	F154 到法院起诉	0.668
y2 社会网络参与（Cronbach's α=0.6）	过去一年您是否经常在空闲时间从事以下活动：	3005 参加文化活动	0.542
y2 社会网络参与（Cronbach's α=0.6）	过去一年您是否经常在空闲时间从事以下活动：	3006 与不住在一起的亲戚聚会	0.760
y2 社会网络参与（Cronbach's α=0.6）	过去一年您是否经常在空闲时间从事以下活动：	3007 与朋友聚会	0.797
y2 社会网络参与（Cronbach's α=0.6）	A31 在过去一年中，您是否经常在您的空闲时间社交、串门？		0.522
y3 参与效能感（Cronbach's α=0.8）	假设国家正在制定一项关于拆迁、环保、汽车限行、个人所得税等与您个人利益密切相关的法律。如果只通过正式渠道，您做成下列事情的难易程度如何？	F21 了解在审的法律草案的内容	0.825
y3 参与效能感（Cronbach's α=0.8）	假设国家正在制定一项关于拆迁、环保、汽车限行、个人所得税等与您个人利益密切相关的法律。如果只通过正式渠道，您做成下列事情的难易程度如何？	F22 向有关方面提出自己的意见或建议	0.905
y3 参与效能感（Cronbach's α=0.8）	假设国家正在制定一项关于拆迁、环保、汽车限行、个人所得税等与您个人利益密切相关的法律。如果只通过正式渠道，您做成下列事情的难易程度如何？	F23 提出的意见或建议得到反映或者反馈	0.878
y4 公共场域意识（Cronbach's α=0.7）	规则意识：B9-7 如果别人不按照交通指示灯和行为线过马路，你的反应或看法是怎样的呢？		0.790
y4 公共场域意识（Cronbach's α=0.7）	公共利益意识：B9-1 如果别人在公众场合大声喧哗，你的反应或看法是怎样的呢？		0.821
y4 公共场域意识（Cronbach's α=0.7）	信用意识：B9-9 如果别人有不守信用的行为，你的反应或看法是怎样的呢？		0.790

二、变量描述性统计分析

从表 4.4 描述性统计可以看出，男性比重为 47.1%，女性比重为

52.9%，性别结构比较合理。家庭经济状况以中低收入群体为主，与社会阶层的群体分布吻合，比较符合我国当下社会的群体分布结构。2015年社区投票政治参与均值为0.47，与2010年的0.37相比有明显提升，但是整体社区投票选举的人数不多，反映出当下基层居民的政治参与冷漠，与社区参与式微的社会现实相符，需要对社区投票选举的影响力与现实性进行反思。同时，经过统计分析可以发现居民经常上网的比重达到了39.8%，居民普遍具有网上浏览信息的习惯。社会资本的关键测度社区居民信任程度和社区熟悉度都达到了较高的水平，这充分表明社区居民对社区公共生活和社区公共事务方面具有一定的参与意愿和人际基础。社区制度化参与不强的现实问题应归结于参与制度的设计不合理，参与结果不具有影响力和参与效能感不足，如统计描述所示，参与效能感的均值为2.09，普遍处于较低的水平。社区公共领域构建的关键要素公共场域意识的均值达到了3.96，规范化参与的均值为3.45，这表明我国城市居民在公共场域意识和规范化参与方面处于较高的水平，社区公共领域建设具备一定的现实基础。下面将通过相关分析与回归分析，对互联网的使用与社会资本对社区公共领域构建的相关影响进行深入探讨。

表4.4 变量特征与描述性统计

变量名	分类	样本量	百分比（%）
年龄	18~28岁	325	8.8
	29~50岁	1241	33.6
	50岁以上	2127	57.6
是否加入党派	是	3121	84.5
	否	571	15.5
性别	男性	1738	47.1
	女性	1954	52.9

续表

家庭经济状况	低收入	1390	38.1
	中等收入	2027	54.9
	高收入	261	7.0
受教育程度	初中及以下	2453	66.4
	高中与中专	654	17.7
	大学专科及以上	585	15.8
社会阶层	低阶层	1769	47.9
	中阶层	1695	45.9
	高阶层	228	6.1
户籍状态	农业户口	2113	57.2
	非农业户口	1579	42.8
上网频率	不频繁	2224	60.3
	一般	276	7.5
	频繁	1192	32.3
是否参加社区投票	是	1731	46.9
	否	1961	53.1

变量名	样本量	均值	标准差
是否幸福	3691	3.88	0.814
平等观	3674	3.00	1.167
权利观	3659	2.63	1.094
自由观	3664	3.65	1.037
尊重观	3456	2.45	1.142
民主观	3595	2.814	1.062
公民意识	3356	2.906	0.588
社区信任	3585	3.629	0.713
社会互惠	3345	3.378	1.052
参与效能感	3269	2.087	0.752

续表

变量名	样本量	均值	标准差
公共场域意识	3645	3.963	0.571
社会网络参与	3653	2.240	0.603
规范化参与	3307	3.454	0.608
社区公共领域构建	3005	2.943	0.331

三、变量相关性分析

通过表 4.5 可以看出，在只考虑单独两个变量相关性的矩阵中，居民上网频率与社区公共领域构建存在显著的相关关系，居民上网频率与社区公共场域意识、社区参与效能感与社会网络参与都存在显著正相关关系，假设 H1 初步得到了验证。此外，社区信任与社区公共领域构建，社区互惠与社区公共领域构建之间的关系为显著的正相关关系，社区信任与参与效能感、社会网络参与、规范化参与之间的相关关系都通过了显著性检验，社区互惠与公共场域意识、社会网络参与、规范化参与之间的相关关系也分别通过了显著性检验，假设 H2 和假设 H3 初步得到确认。但是，需要注意的是，居民上网频率与社区信任存在显著的负向相关关系，居民上网频率与社区互惠存在负向相关关系，居民上网频率与居民规范化参与的负向相关关系在 1%的显著性水平下通过了相关检验。这些负向相关关系的分析结果与相关理论不符，可能是由于网络本身的匿名性、无序性和虚拟空间缺乏信任造成的负面影响，需结合实际进行进一步的探讨。

表 4.5　Pearson 相关性分析矩阵

	1	2	3	4	5	6	7	8
1. 上网频率	1							
2. 社区信任	−0.134**	1						
3. 社区互惠	−0.326**	0.233**	1					
4. 参与效能感	0.050**	0.038*	−0.011	1				
5. 公共场域意识	0.165**	−0.004	−0.109**	0.004	1			
6. 社会网络参与	0.258**	0.047**	0.173**	0.095**	0.016	1		
7. 规范化参与	−0.069**	0.175**	0.039*	−0.001	0.054**	0.015	1	
8. 社区公共领域构建	0.174**	0.127**	0.039*	0.619**	0.465**	0.514**	0.477**	1

＊＊. 在 0.01 水平（双侧）上显著相关

＊. 在 0.05 水平（双侧）上显著相关

第三节 模型解释与回归结果分析

一、社区公共领域构建的回归分析

完成了对主要相关变量的统计描述和相关分析以后，为了更加准确地探讨互联网的使用对公共领域构建的影响、社会资本积累对社区公共领域构建的影响，下面将以上网频率、社区信任、社区互惠为主要解释变量，以居民的年龄、受教育程度、社会阶层、家庭经济状况、是否属于特定党派、社会公平感等变量为控制变量，以社区公共领域构建为被解释变量建立多元线性回归模型。模型（1）是基准模型，对调查对象的个人与社会特征要素对公共领域的影响进行回归估计。模型（2）是简单模型，旨在探讨控制其他变量的情况下，互联网使用频率、社区信任、社区互惠三个主要解释变量对社区公共领域构建的作用与影响。模型（3）是上网频率关于公共领域构建的回归分析，考察控制其他要素的条件下，居民上网频率对社区领域构建的影响。模型（4）是社区社会资本关于社区公共领域构建的影响，考察在控制其他变量的条件下，社区社会资本对社区公共领域构建的作用。模型（5）是总模型，用来考察在控制了其他变量的条件下，主要解释变量对被解释变量的影响以及整体模型的解释力。具体回归估计结果见表 4.6。

表 4.6　社区公共领域构建的回归分析

	(1)	(2)	(3)	(4)	(5)
	基准模型	简单模型	上网频率模型	社会资本模型	总模型
上网频率		0.043***	0.010*	0.014***	0.016***
		(0.004)	(0.005)	(0.005)	(0.005)
社区信任		0.062***		0.056***	0.044***
		(0.009)		(0.009)	(0.009)
社区互惠	0.024***			0.038***	
		(0.006)			(0.006)
年龄	-0.001***		-0.001*	-0.001**	-0.001**
	(0.0004)		(0.0005)	(0.0005)	(0.0005)
受教育程度	0.029***		0.024***	0.0195**	0.023**
	(0.009)		(0.009)	(0.00915)	(0.010)
社会阶层	0.035***		0.034***	0.034***	0.028***
	(0.008)		(0.008)	(0.008)	(0.008)
户籍状态	0.064***		0.060***	0.066***	0.089***
	(0.013)		(0.014)	(0.014)	(0.014)
家庭经济状况	0.045***		0.044***	0.040***	0.033***
	(0.009)		(0.010)	(0.010)	(0.010)
是否加入党派	0.056***		0.055***	0.054***	0.052***
	(0.017)		(0.017)	(0.017)	(0.017)
是否公平	0.033***		0.0336***	0.025***	0.027***
	(0.006)		(0.006)	(0.006)	(0.006)
是否幸福	0.011		0.011	0.010	0.009
	(0.008)		(0.008)	(0.008)	(0.008)
常数项	2.554***	2.548***	2.524***	2.367***	2.314***
	(0.045)	(0.039)	(0.048)	(0.053)	(0.057)
F	41.75***	54.79***	37.52***	38.28***	33.83***

续表

	(1)	(2)	(3)	(4)	(5)
	基准模型	简单模型	上网频率模型	社会资本模型	总模型
$Adj\text{-}R^2$	0.099	0.057	0.100	0.114	0.119
N	2970	2695	2969	2912	2665
R^2	0.101	0.058	0.102	0.117	0.123

注：(1) 括号内为标准误；(2) ***、**和*分别表示回归变量在1%、5%和10%水平上显著。

结合表4.6的回归分析结果可以看出，整体模型在1%的水平下通过了显著性检验，基准模型、简单模型与总模型的 R^2 分别为0.101、0.058、0.123，模型具有一定的解释力，且通过回归分析对主要解释变量的估计与理论假设基本一致，下面我们分别予以讨论。

首先，从主要解释变量的回归估计结果来看。分析表4.6模型中总模型的回归结果可以发现，在控制了居民年龄、受教育程度和社会阶层等变量的条件下，居民上网频率对社区公共领域构建的作用关系在1%的显著性水平上通过了检验，且系数均为正（$\beta=0.016$，$p<0.01$），说明上网频率对社区公共领域构建具有显著的正向影响，居民上网越频繁，对公共生活的态度越积极，越有助于社区公共领域的构建，假设1得到了确认。居民上网频率是居民通过网络获取信息、服务和参与交流互动的整体集合，尤其是关于居民生活与服务方面的网络使用将推进线上公共空间的拓展和公共服务的优化。回归结果中关于互联网使用频率与社区公共领域构建的回归结果估计是与理论假设相符的，论证了互联网的使用对社区居民公共生活的积极影响。从社区信任与社区公共领域构建的关系来看，在控制了其他要素的条件下，社区信任与社区公共领域构建的相关系数在1%的显著性水平上通过了检验，且作用系数为正（$\beta=0.044$，$p<0.01$），假设2得到了确认。这说明社区居民彼此的信

任程度越高，越有助于社区公共领域的构建。社区互惠变量从另一个层面考察社区社会资本对社区公共领域构建的影响，从社会资本模型中可见，在控制了其他控制变量的情况下，社区互惠对社区公共领域构建具有显著的正向影响（$\beta=0.038$，$p<0.01$）。这意味着社区社会成员之间的交流、互动与熟悉程度越高，社区居民的交往意愿与公共参与意愿就越强烈，社会资本积累越多，社区公共领域构建的基础资源越丰富，假设 3 得到有效验证。

其次，从控制变量的回归结果来看。党派属性对于社区公共领域构建具有显著的统计学意义，从属于特定政党组织的人与普通居民相比在社区公共领域建设中具有显著的积极性和促进作用。受教育程度对城市居民的社区公共参与起到正向推进作用，文化水平越高的群体政治参与意识与政治社会化水平也越高，其政治效能感较强。在社会属性层面，家庭经济水平较高的居民、拥有城市户籍的居民与社会阶层较高的居民对社区公共领域构建具有更显著的促进作用，他们在社区公共生活中更加积极地获取信息，更主动地参与公共事务的讨论，在社区影响力和自身的政治参与能力方面更自信。在关于社会态度测量的变量中，生活幸福感对社区公共领域构建没有直接的影响，社会公平感的影响则非常显著，这表明社区居民的社会公平感越强，其参与社区公共生活、构建社区公共领域的意愿就越高，对社区公共领域构建具有正向的预期和积极的推进作用。

二、关于公共领域构建不同维度的回归结果分析

互联网使用频率、社区信任与社区互惠行为对公共领域的不同维度也具有不同作用，且这些维度都是社区治理的重要方面，通过分析互联网的使用对这些方面的影响，可以更直观地看到社区网络平台在社区治理过程中产生的增益。虽然互联网的使用和社会资本的积累对公共领域

构建的影响是显著的，但是上网频率对公共领域不同维度的影响还需要依据回归结果进行具体验证。本书以社区公共领域构建的四个维度为因变量，以上网频率、社区信任、社区互惠为主要解释变量，以年龄、受教育程度、经济状况、幸福感等要素为控制变量建立回归模型，具体回归结果如表 4.7 所示。

表 4.7　互联网使用频率、社区信任与社区互惠对公共领域构建各个维度的回归分析

	(1) 参与效能感	(2) 公共场域意识	(3) 社会网络参与	(4) 规范化参与
上网频率	0.003	0.025***	0.067***	−0.024**
	(0.013)	(0.009)	(0.008)	(0.010)
社区信任	0.018	0.034**	−0.004	0.114***
	(0.021)	(0.015)	(0.014)	(0.017)
社区互惠	0.004	−0.013	0.173***	−0.012
	(0.015)	(0.010)	(0.010)	(0.012)
年龄	−0.000	−0.001	−0.002**	−0.002*
	(0.001)	(0.001)	(0.001)	(0.001)
受教育程度	0.017	0.034**	0.071***	−0.027
	(0.022)	(0.016)	(0.014)	(0.018)
社会阶层	0.079***	0.003	0.031**	0.008
	(0.019)	(0.013)	(0.012)	(0.015)
户籍状态	0.073**	0.133***	0.126***	0.018
	(0.034)	(0.024)	(0.022)	(0.027)
家庭经济状况	0.050**	0.003	0.072***	0.004
	(0.023)	(0.016)	(0.015)	(0.019)
是否加入党派	0.077*	0.064**	0.044	0.044
	(0.041)	(0.029)	(0.027)	(0.033)

续表

	(1)	(2)	(3)	(4)
	参与效能感	公共场域意识	社会网络参与	规范化参与
是否公平	0.077***	-0.028***	0.006	0.063***
	(0.015)	(0.011)	(0.010)	(0.012)
是否幸福	-0.047**	0.032**	0.028**	0.014
	(0.019)	(0.013)	(0.012)	(0.015)
常数项	1.562***	3.661***	1.043***	3.003***
	(0.133)	(0.094)	(0.086)	(0.106)
F	9.55***	17.85***	69.26***	12.06***
$Adj\text{-}R^2$	0.032	0.055	0.191	0.040
N	2876	3175	3173	2902
R^2	0.035	0.058	0.194	0.044

注：(1) 括号内为标准误；(2) ***、**和*分别表示回归变量在1%、5%和10%水平上显著。

结合研究模型（4）的回归结果可以发现，上网频率对规范化参与产生了显著的影响（β=-0.024，p<0.05），互联网使用频率越高，居民对制度内的参与渠道就使用越少，互联网使用频率对居民的规范化参与具有显著的削弱作用，假设 H1-1 没有通过验证。一个可能的解释是居民通过网上获取信息和服务，了解了较多体制外的参与渠道和服务获得方式，互联网以其便利高效和开放的优势对体制内的参与渠道产生了挤压。在控制其他变量的条件下，社区信任与规范化参与的关系在1%的显著性水平下检验为正（β=0.114，p<0.01），社区信任作为居民培育公共精神的重要因素，居民彼此间的信任程度越高，规范化的参与就越积极，假设 H2-1 得到了确认。社区互惠与社会网络参与的关系也在1%的显著性水平下通过了检验，假设 H3-1 得到了验证。经常参与邻

里互动，构建邻里联结的居民具有更强大的人际关系网络和更宽的资源获取能力，能够顺利融入公共生活和制度化的参与渠道中去。在控制变量的众多要素中，个人的性别、学历水平、收入水平与社会阶层等因素对规范化参与都很难产生直接的影响，但是个人的社会公平观是增进社区规范化参与意识的重要因素，公平观念越强，越相信公共领域和制度的合法性与规范性，越愿意选择规范化的参与方式。

模型（3）是互联网使用频率、社区信任、社区互惠关于社会网络参与的回归分析。在控制了其他变量的条件下，居民互联网的使用对社会网络参与产生了显著影响（$\beta=0.067$，$p<0.01$），互联网使用频率越高，居民的社会网络参与越强，证明了社区治理云平台为增强居民互动提供了平台支撑，假设 H1-2 得到了验证。在控制了其他变量的情况下，社区互惠对社会网络参与产生显著的正向影响（$\beta=0.173$，$p<0.01$），假设 H3-2 得到了验证。社区互惠活动越频繁，社区居民间的熟悉感与认同程度就越强，社区居民之间的关系网络就越稳定，互动行为就越频繁。社区信任对社会网络参与未产生显著影响，假设 H2-2 没有通过检验。在关于社会网络参与的回归模型中，居民的社会阶层、受教育程度与家庭经济状况越好，越会频繁地参与到社会网络互动中去。

模型（2）是上网频率、社区信任与社区互惠关于居民公共场域意识的回归分析，在控制其他变量的情况下，上网频率对社区公共场域意识具有显著的促进作用（$\beta=0.025$，$p<0.01$），居民网络使用越频繁，对公共场域的信用、规则与公共性方面的认识就越深刻，假设 H1-4 得到了验证。社区信任与居民公共场域意识的关系在 5%的显著性水平上检验为正（$\beta=0.034$，$p<0.05$），社区居民之间的信任对公共场域意识产生显著的促进作用，对其他人信任程度较高的人，公共意识也越强，假设 H2-4 得到了确认。社区互惠对居民公共场域意识没有产生直接的作用，假设 H3-4 没有通过验证。在其他的社会属性中，居民的受教育

程度、社会公平感与生活满意度也会显著提升居民公共参与中的规则意识、信用意识与公共意识。

模型（1）是居民上网频率与社会资本关于参与效能感的回归分析，互联网的使用、社区互惠、社区信任都没有对居民参与效能感产生显著的影响，假设 H1-3、H2-3、H3-3 均没有通过检验。控制变量中，居民的社会阶层、社会公平感与家庭经济状况均对个人参与效能感产生了显著的促进作用，但家庭幸福感对参与效能感呈现负向影响。

三、稳健性检验

为了保证研究结果的可靠性，本书采用 possion 回归和 nbreg 回归的方法对居民上网频率、社区互惠与社区信任对公共场域构建的影响进行检验，以保障回归结果的可信性与稳健性。稳健性检验结果如表 4.8 所示。在 possion 回归模型中，模型整体是显著的，在回归估计结果中，上网频率、社区信任、社区互惠对公共领域构建的影响都在 1%的显著性水平下检验为正。在负二项式（nbreg）模型中，模型整体依然是显著的，且上网频率、社区信任与社会互惠对公共领域构建的影响与 possion 回归结果相同。两个模型产生的回归结果与多元线性回归分析的结果相似。因此，可以得出结论，研究结果具有稳健性。

表 4.8　关于社区公共领域构建的稳健性检验表

	(1)	(2)	(3)	(4)
	possion			nbreg
上网频率	0.014***	0.008***	0.014***	0.008***
	(0.001)	(0.002)	(0.001)	(0.002)
社区信任	0.021***	0.019***	0.021***	0.019***
	(0.003)	(0.0032)	(0.003)	(0.003)

续表

	(1)	(2)	(3)	(4)
	possion			nbreg
社区互惠	0.008***	0.013***	0.008***	0.013***
	(0.002)	(0.002)	(0.002)	(0.002)
年龄		-0.000**		-0.000**
		(0.000)		(0.000)
受教育程度		0.000		0.000
		(0.000)		(0.000)
社会阶层		-0.000		-0.000
		(0.000)		(0.000)
户籍状态		0.038***		0.038***
		(0.005)		(0.005)
家庭经济		-0.000		-0.000
		(0.000)		(0.000)
是否加入党派		0.0239***		0.024***
		(0.005)		(0.005)
是否公平		-0.000		-0.000
		(0.000)		(0.000)
是否幸福		0.011***		0.011***
		(0.003)		(0.003)
常数项	0.945***	0.908***	0.945***	0.908***
	(0.014)	(0.019)	(0.014)	(0.019)
N	2695	2695	2695	2695
Wald chi2	150.51	296.74	150.51	296.74

注：(1) 括号内为标准误；(2) ***、**和*分别表示回归变量在1%、5%和10%水平上显著。

第四节　互联网对社区治理的负面影响分析

上文已经对互联网与社区公共领域构建的关系进行了回归分析，明确了互联网在社区公共领域构建、居民公共意识培养与社会网络参与方面的积极作用。但是，互联网将在社区治理中产生怎样的负面效应还未可知。针对上文数据分析中出现的互联网与规范化参与呈现显著的负相关关系，互联网与社区信任、社区互惠均呈现显著负相关关系，本书以此为切入点，对互联网在社区治理中的负面影响进行探讨。

我国学者在研究中发现居民互联网的使用与公民意识存在显著正相关关系。① 阿尔蒙德等人自 20 世纪 60 年代就开始关注公民价值观、公民态度及行为的影响因素和发生机制。英格尔哈特也提出“经济发展、工业化、城市化、全民教育、资讯发达等现代化因素会催生公民价值观从传统价值观向自我表达价值观转变”②。自我表现的幸福价值观是相对生存价值观和传统价值观而言的，在物质还比较匮乏的时代，民众最重要的目标是改善生存境遇，物质主义价值观较重，而随着民众收入教育与生存条件的改善，民众将向后物质主义价值观转变，并将政治参与、自由表达、公平、平等、权利、环境质量等需求作为追求目标，居民价值观的变化将直接作用于居民的社区公共生活态度和参与行为选择。亨廷顿在其著作《变化社会中的政治秩序》中讲到政治不稳定的

① 苏振华，黄外斌. 互联网使用对政治信任与价值观的影响：基于 CGSS 数据的实证研究［J］. 经济社会体制比较，2015（5）：113-126.

② INGLEHART R. The Silent Revolution：Changing Values and Political Styles among Western Publics［M］. Princeton：Princeton University Press，1977.

根源就在于现代化，现代性孕育着稳定，而现代化过程却滋生着动乱。经济发达和经济比较落后的国家在政治上都比较稳定，而发生政治动荡的大多是经济上有一定程度发展的国家。经济的发展、集团的分化、利益的冲突、价值观的转变以及民众参与期望的提高，都远远超过了政治体制的承受能力，进而导致了社会紊乱。① 这种现象在不断发展的社区中同样得到验证，互联网的普及与规范化的社区参与存在显著的负向相关关系。研究发现，互联网的使用频率与社区选举投票的意向存在显著负向相关，互联网作为一种新的生产力和参与工具，已经成为体制内政治参与溢出的一种依托平台。同时，可以推测作为一种技术革新，互联网对社区治理的影响并不直接表现为社区参与的增加，而是通过影响居民公民意识来发挥作用的。

为了全面探讨互联网使用、公民意识对居民行为的影响，本书首先选取了 CGSS2015 问卷中的五个测度：平等意识（A422 男性能力天生比女性强）、权利意识（A47 生多少孩子是个人的事情，政府不该干涉）、尊重意识（B112 同性恋是个人行为，他人不应该指责）、自由意识（A48 在哪里生活是个人的自由，政府不该干涉）、民主意识（A46 任何人在任何地方都有批评政府的权利，政府不该干涉）对居民的公民意识进行综合测量，求取平均值作为公民意识的衡量指标。然后以上网频率为自变量，以公民意识为因变量，对互联网的使用与公民意识的因果关系做进一步的分析。最后，以公民意识为自变量，以规范化参与、社区互惠、社区信任为因变量，构建回归分析模型，对公民意识对于社区治理的影响做出验证。通过两个阶段的因果关系推导，能够进一步明晰互联网在社区治理中的负面影响及其作用路径。

---

① 亨廷顿．变化社会中的政治秩序［M］．王冠华，刘为，等译．上海：上海人民出版社，2008：387.

一、互联网的使用与公民意识的相关性分析

从皮尔逊相关系数检验表（表4-9）中可以看出，互联网使用频率与公民意识存在显著的正相关关系，公民意识与社区规范化参与存在显著负向相关关系、公民意识与互惠存在显著负向相关关系，公民意识与社区信任在1%的显著性水平下通过了检验，与理论预期相符。但是，简单的相关性检验只能观测到相关关系，无法确定因果关系。因此，本书选择继续做回归分析，确定互联网的负面影响以及公民意识的传导作用。

表 4.9 Pearson 相关性分析表

		1	2	3	4	5	6
1. 上网频率	Pearson 相关性	1					
	N	3690					
2. 公民意识	Pearson 相关性	0.275**	1				
	N	3355	3356				
3. 是否参加社区投票	Pearson 相关性	-0.217**	-0.137**	1			
	N	3667	3341	3669			
4. 规范化参与	Pearson 相关性	-0.069**	-0.097**	0.051**	1		
	N	3305	3078	3290	3307		
5. 社区信任	Pearson 相关性	-0.134**	-0.073**	0.129**	0.175**	1	
	N	3583	3269	3564	3232	3585	
6. 社区互惠	Pearson 相关性	-0.326**	-0.139**	0.224**	0.039*	0.233**	1
	N	3344	3042	3327	3005	3258	3345

**. 在 0.01 水平（双侧）上显著相关

*. 在 0.05 水平（双侧）上显著相关

二、基于公民意识的传导作用分析

本书先将上网频率与公民意识、社区信任、社区互惠、规范化参与做相关分析，研究各个变量在独立检验时的相关关系，然后再将公民意识与规范化参与、社区信任、社区互惠等变量做回归分析，检验公民意识的增强是否削弱了制度内的规范化参与，减少了居民间的信任与互惠，以此对互联网使用频率增长而体制内参与水平下降的现象提供合理的解释。详见表 4.10。

模型（1）是以互联网使用频率为自变量，以公民意识为因变量做 OLS 分析。可以看到在控制了调查对象的个人属性、家庭收入水平、社会阶层等因素的情况下，互联网使用频率对公民意识的作用系数在 1%的显著性水平上检验为正（$\beta=0.042$，$p<0.01$），因果关系的检验结果与皮尔逊检验结果基本一致，表明互联网使用频率越高，公民意识提升越明显，互联网使用频率对公民意识具有显著的促进作用，回归估计结果与理论预期相符。

模型（2）是以公民意识为自变量，以社区信任为因变量构建的线性回归模型。回归结果显示，在控制了其他变量的条件下，公民意识对社区信任的影响在 5%的显著性水平上检验为负（$\beta=-0.044$，$p<0.05$），即公民意识对社区信任具有显著的负相关关系，公民意识越强的居民对邻里的信任度越低。

模型（3）是以公民意识为自变量，以社区互惠为因变量构建的浅性回归模型。回归结果显示，公民意识与社区互惠的关系在 10%的显著性水平上检验为负（$\beta=-0.055$，$p<0.1$），这表明居民的公民意识越强，参与邻里互动和邻里间的熟悉度就越低。虽然显著性水平不高，但因果检验与相关分析的结果一致。

模型（4）是以公民意识为自变量，以社区规范化为因变量做出的线性回归分析。研究结果显示，公民意识对规范化参与的影响在1%的显著性水平下检验为负（β=-0.088，p<0.01），表明居民的公民意识越强，规范化参与渠道使用频率越低，这说明公民意识更强的公民具有更广泛的参与渠道和维权手段。

表4.10　基于公民意识的回归模型分析

	（1）	（2）	（3）	（4）
	公民意识	社区信任	社区互惠	规范化参与
公民意识		-0.044**	-0.055*	-0.088***
		（0.023）	（0.031）	（0.020）
年龄	-0.005***	0.005***	0.007***	-0.0002
	（0.001）	（0.001）	（0.001）	（0.001）
受教育程度	0.080***	0.003	-0.235***	-0.043***
	（0.015）	（0.018）	（0.026）	（0.016）
社会阶层	-0.017	0.027	0.097***	0.017
	（0.013）	（0.016）	（0.023）	（0.015）
户籍状态	0.043*	-0.218***	-0.529***	-0.001
	（0.023）	（0.029）	（0.041）	（0.025）
家庭经济状况	-0.028*	0.084***	0.072**	0.042**
	（0.016）	（0.020）	（0.029）	（0.018）
是否加入党派	-0.063**	0.113***	0.048	0.066**
	（0.029）	（0.036）	（0.051）	（0.032）
上网频率	0.042***			
	（0.009）			
常数项	2.969***	3.287***	3.480***	3.659***
	（0.071）	（0.107）	（0.152）	（0.096）
F	53.48***	20.27***	93.88***	6.82***

续表

	(1)	(2)	(3)	(4)
	公民意识	社区信任	社区互惠	规范化参与
$Adj\text{-}R^2$	0.10	0.040	0.178	0.013
N	3323	3241	3014	3053
R^2	0.101	0.042	0.179	0.015

注：(1) 括号内为标准误；(2) ***、**和*分别表示回归变量在1%、5%和10%水平上显著。

结合以上四个模型的回归结果可以发现，上网频率与公民意识在对社区规范化参与、社区信任、社区互惠的作用方向都是负向的。从模型(1) 互联网与公民意识的因果分析可以看出互联网的使用促进了公民意识的提升；从模型(2)、模型(3)、模型(4) 回归结果分析，可以看出公民意识是减少社区规范化参与、社区信任和社区互惠行为的重要因素。结合两个阶段因果关系的分析我们可画出互联网的使用对社区治理产生的负面影响及其作用路径图（如图4.1）。

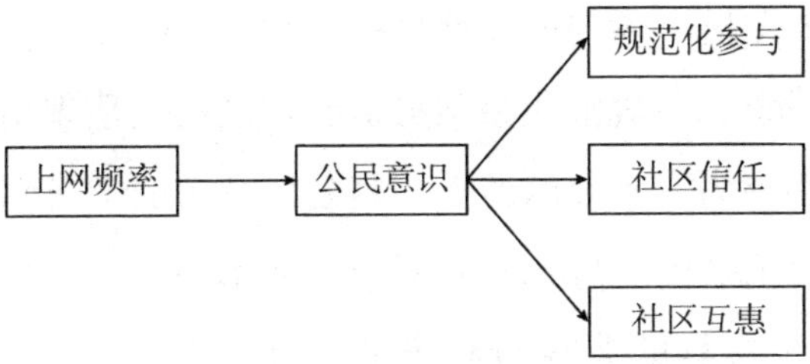

图4.1　上网频率对社区治理的作用路径图

从上网频率对居民规范化参与、社区信任、社区互惠的影响及其作用路径来看，互联网的使用在社区治理中的实际影响需要关注到两个问题。

第一个问题是：为什么互联网的使用提升了公民意识却降低了居民规范化参与水平？亨廷顿关于“现代化产生动荡，现代性产生稳定”的理论论述可以为其提供解释。公民意识的提升带来了规范化参与渠道的减少，从一个观念的角度展示了社会现代化水平提升带来的动荡和新的参与方式的产生。这也一定程度上验证了互联网作为一种新的公共参与方式和信息获取渠道，在促进公民社会发展和社区治理现代化方面的功能和影响。分析以上三个回归模型可以发现，公民意识的提升对公民规范化参与存在显著的负向相关关系，公民意识的提升与居民社区投票存在显著的负向相关关系。随着公民平等观、尊重、自由、民主等民主价值观念的提升，参与意识与个人价值观已经产生了显著的变化，现有的体制内的参与渠道不足或者参与成本较高，会促使公民的公共参与外溢，在体制外寻找新的公共信息获取方式和政治参与方式，这符合亨廷顿关于现代化增长同时产生制度化不足、政治参与溢出、秩序混乱的理论解释。经常利用互联网获取信息和参与公共话题探讨的居民更倾向于采用网络空间参与的方式表达自己的意见与建议，互联网一定程度上替代体制内的参与渠道，成为公民参与社会公共议题的新平台。还有一个可能的解释是网上匿名参与的便捷性一定程度上挤压了社区生活中的规范化参与。公民意识与规范化参与渠道、社区投票呈现出显著的负向相关关系，可以解释为经常上网的人，其公民意识的学习和成长更快，但由于个人民主价值观的觉醒与对政府效率的不信任，经常上网的人更喜欢采用网络空间参与的非规范化方式，而不是现实中体制内的参与渠道。

第二个问题是：为什么互联网的使用提升了居民的公民意识却降低了社区信任和社区互惠行为？互联网的使用与公民意识的提升存在显著的正向作用，但是互联网的使用与社区信任、社区互惠却存在显著负向相关关系。结合现实的社区生活场景我们可以发现，有些居民线上互动频繁，线下可能彼此都不熟悉，也鲜少来往。这体现了当下城市社区邻里关系陌生的问题。虽然网络参与作为一种新的参与和交流方式替代了不便的线下参与渠道，但是，网络的匿名化、较高自由度和虚拟性也造成了参与者之间的陌生感。虽然线上存在交流互动，但是线下依然是陌生人的关系。网络公共参与平台作为一种草根的话语场域，往往更相信具有共同诉求的群体，社区治理精英应该积极推进线上居民的互动与线下居民互动相结合，促进社区居民邻里间的线下熟悉度和互惠行为，克服这种“熟悉的陌生人”现象，在积累社会资本的同时加速社区共同体意识的培养。

第五节 研究结论

本书通过分析 CGSS2015 的居民政治态度调查数据，采用相关分析、回归分析等方法来验证社区居民互联网的使用对社区公共领域构建的积极作用，以及互联网的使用对社区治理产生的负面作用，最后得出以下三方面的结论。其一，互联网的使用与社区社会资本一起显著促进了社区公共场域的构建。互联网的使用促进了居民公共领域意识的提升以及社会网络参与的增加；社区信任和社区互惠对社区公共领域构建具有显著的促进作用。其二，互联网的使用存在一些负面效应，居民上网频率的增加，显著降低了制度内规范化参与渠道的使用，网络平台的使用挤压了线下参与渠道；互联网的使用显著降低了现实生活中社区居民间的邻里信任和邻里互动。一方面可能是由于上网时间挤压了居民邻里交往时间；另一方面可能是采用匿名的形式在虚拟空间进行交往，导致现实社区生活中的陌生感越来越强，这也是网络本身带来的负面影响。其三，互联网的负面影响通过提升居民的公民意识发挥作用，这也是互联网对社区治理产生影响的路径。公民意识的提升会显著降低居民的规范化参与、社区信任与社区互惠，居民更多会采用制度外的渠道维护自身权益。整体来看，本研究验证了互联网的使用对社区公共领域构建的积极作用，也找出了互联网的使用对社区治理产生的负面影响。因此，需要对社区治理云平台的建设持客观理性的态度，一方面积极利用互联网的技术红利与信息资源，为社区公共参与和公共领域的构建提供助力；另一方面，要持谨慎的态度，防止网络推广产生的负面影响，防止虚拟空间加剧邻里间的不信任以及公共参与的无序化，防止网络的无序化思潮蔓延到现实社会。只有以居民需求为中心对线上服务平台进行设计更新，优化居民服务，拓展社区公共领域，才能将互联网的优势更大程度地发挥出来。但是这项研究还存在一些不足，比较突出的是代表性的问题。本书采用的是 CGSS2015 的网民政治态度调研数据，并不是完全针对居民社区参与态度与行为的调研，只能从相似测度中选取变量，导致变量存在代表性不足的问题。

第五章

社区治理云平台的居民需求状况及其影响

社区治理云平台以满足社区居民需求为核心，将越来越多的社区服务和公共参与渠道转移到网上，并整合社区网站、社区微博、社区公众号、社区 APP 等多种服务形式，完善社区居民参与的网络渠道和公共场域。自智慧社区、社区信息化建设等相关政策颁布以来，社区治理云平台如社区通、社区信息中心、社区公众号、社区服务 APP 等已经在全国范围内进行了试点和建设。上文已经对社区治理云平台的价值与作用路径做出探讨，并结合 CGSS2015 的数据进行了理论验证与实证分析。接下来本书将探讨另一个核心问题，即如何全面把握社区治理云平台的居民需求，并以满足居民需求为导向提升居民社区网络参与。

目前，学界关于网络平台的研究覆盖了政府网站、社区治理云平台、微信公众号、社区移动终端、移动支付终端、电子政务云等多种网络信息平台和部分商务平台。一方面，研究集中在影响价值、政策制度、宏观问题、微观案例、发展模式探讨等方面。例如，魏淑娟通过研究社区居民的信息化平台参与和社区治理的关系发现："对于社区信息化平台的建设推广，调查对象中占多数比重的人都很关注，对社区信息平台的治理价值和技术优势持支持态度，愿意采纳社区治理中引入的新技术和新工具，丰富社区公共生活内容。”[①] 居民的社区归属感越强，社区凝聚力越高，其利用网络组织参与社区管理的积极性也越高。[②] 不同类型的信息化平台在促进社区公共参与方面的功效也不同，社区公众号、社区服务 APP 等客户端的用户较为活跃，对社区参与的刺激作用也最显著。[③] 汤志伟等学者结合社会—技术理论分析框架，从社会、技术、外部环境这三个维度构建了政务服务在线办理能力影响因素的分析模型，对全国 334 个地级行政区政府网站在线办理服务能力进行考察。[④] 徐家良对“互联网+”社区治理的主要模式进行比较研究，并总结了不同模式的发展适用条件。[⑤] 另一方面，部分学者通过期望确认模型、满意度理论与技术接受模型等对政府网络平台用户需求、用户行为进行研究。例如，钱丽丽通过需求层次理论对电子政务的用户需求与用户使用行为进行研究。[⑥] 唐协平认为公民用户与企业用的需求存在差异，应有区别地进行需求要素识别，并基于生命周期理论构建了电子政务平台的用户需求识别模型。[⑦] 但是，整体来看，关于社区网络平台的居民需求与用户行为还缺乏深入的研究。本书将依据社区治理云平台本身的特点与服务功能进行定位，以后物质主义价值观为视角，对社区居

① 魏淑娟，李龙，章志敏，等．服务、参与、治理：以信息化完善城市社区治理［J］．晋阳学刊，2017（2）：103-114.

② 魏李巧，李录堂．通过网络自组织参与社区管理的影响因素分析［J］．人民论坛，2013（11）：158-159.

③ 常恩予，甄峰，孙晨．社区网络的使用及其对社区参与的影响：以南京市为例［J］．地理科学进展，2017，36（7）：785-794.

④ 汤志伟，张龙鹏，李梅，等．地方政府互联网服务能力及其影响因素研究：基于全国 334 个地级行政区的调查分析［J］．电子政务，2019（7）：79-92.

⑤ 徐家良，段思含．技术治理视角下“互联网+”社区治理创新模式研究：基于上海市多案例的考察［J］．中国第三部门研究，2019，17（1）：3-21.

⑥ 钱丽丽．电子政务公共服务需求及其对系统成功的影响路径研究［D］．上海：复旦大学，2010.

⑦ 唐协平．面向社会公众的电子政务最终服务需求识别与管理研究［D］．上海：上海交通大学，2008.

民的行为目标与需求层次进行研究，探讨居民价值观、需求层次与社区网络参与之间的相互作用关系。基于调研数据的特征采用广义可行最小二乘法进行回归分析，并采用 logit 模型对回归估计结果进行稳健性检验。

第一节 社区治理云平台的服务内容与用户需求特征

社区治理云平台是社区行政力量与社会力量、行政力量与经济力量以及各类社会力量沟通互动的应用平台，降低了基层参与成本，增强了社区治理的透明度，一定程度上刺激了公众权益意识的觉醒和社区公共领域的构建。根据服务方式及服务内容，可将社区治理云平台的服务分为三个层次，最低层次的称为基础性服务，中间层次的称为延展性服务，较高层次的称为创新性服务。基础性服务是平台针对与居民生活息息相关的基本需求而设计的板块，包括社区信息检索、日常缴费事宜的查询与支付、社区救助与事权事务查询等方面。延展性服务是为了丰富居民生活，增加邻里互动，创建更和谐的社区关系而设计的服务板块，具体包括志愿者服务、社区文化体育活动、邻里互助等。而创新型服务往往是依托新技术而衍生的新增服务项目或者对旧的服务项目的改良，这些服务往往很难提供，面向用户的扩散推广也需要一定的周期。值得注意的是，这三个服务层次并不能清晰划分，彼此之间既存在差异性又存在交叉性。

与官方政务网站、政务云和政务大数据平台相比，社区治理云平台有着自身的特殊性与功能定位。社区居民可以通过平台随时了解社区内发生的新鲜事，通过参与社区事务维护个人权益，通过平台发布意见和看法。网络的匿名性能够带来安全感，相比于其他途径，网络空间更加平等，网络参与对解决社区问题很有助益。在社区治理云平台的服务倾向和服务理念上，满足社区居民需求是公共平台的设计核心，以节约居民公共参与成本、提高办事效率和提高便利性为目标，网络平台的模块设计更具有针对性和适用性。同时，与政务平台不同，社区治理云平台的功能定位更像是一个社区公共能量场和社区公共参与平台，社区内的各类参与主体在公共平台上查询公共信息、交流个人意见和观点、处理公共事务并通过协商投票达成集体行动，这类低成本的公共场域是信息社会居民直接参与社区治理的重要载体。

（一）社区公共平台服务内容在多样性与同质性之间适度均衡

与政务服务平台相比，社区治理云平台的服务对象大多为覆盖区域内的社区居民，服务涉及社区生活的方方面面，服务内容具有多样性，公共平台设计的服务模块大多涉及如下方面：其一，线上线下衔接的互动活动，如网络兴趣小组发起的社区联欢活动、兴趣活动、邻里互动、线上发起的社区公益慈善类活动，关于保护环境、帮助老弱病残等方面的公益活动。其二，网上发布的有关社区公共性事务的活动，如网上曝光社区内侵权、纠纷、社区网上投票、居民意见征集、集体行动抗议、声援等。其三，社区咨询、投诉、建议、申请帮扶、维权类的活动。为社区的发展建言献策，发表自己的看法和态度，及时查看社区的各类信息公告，可以在很多大程度上降低时间成本。其四，社区在线办理与缴费活动。例如，社会保险缴费、就业培训与指导、社区卫生医疗服务、居家老年人与残疾人服务。社区居民可以随意浏览、获取社区相关的信息与服务供给，热心参与社区组织所发起的集体活动，丰富社区生活，提升社区邻里的熟悉程度、信任程度，促进社区集体行为的形成。同时，由于社区居民群体具有一定的同质性与需求共性，为了提升使用频率和居民接受度，社区网络公共平台使用的技术门槛更低，服务模块和服务内容更接近社区生活。所以，社区公共平台的服务板块设计需要在多样性与同质性之间适度平衡。

（二）社区网络公共平台提供的是准公共产品

社区公共平台网络参与主体囊括了辐射区的社区居委会、社区工作站、物业公司、业主委员会、社区民间组织、社区居民等多种社区治理主体。尽管不同群体的参与目标与相关需求之间存在契合也存在冲突，社区网络平台依然将服务对象扩展向全体社区成员，且服务大多是不收取费用的，社区服务边际消费成本和边际拥挤成本非常低，与私人物品相比具有很强的消费非竞争性。社区网络公共平台所提供的社区服务是一种准公共产品。所有社区成员都可以自由使用平台，自由享受服务，很难将其他居民排除在外，服务具有非排他性，有时也可能存在免费搭便车行为。但是，受计算机焦虑、数字鸿沟、技术接受度等因素的影响，网络平台服务具有一定的消费壁垒，部分教育程度低、年龄较大的群体可能无法享受服务。虽然电子政务公众服务属于公共产品的范畴，但是难以实现完全的非排他性，这是信息服务产品的固有特征。

（三）社区网络公共平台的服务内容具有延展性

社区居民的需求具有层次性和多样性，当线下的社区服务和参与渠道无法满足居民需求的时候，在需求的催动下居民就会有更多的动机去尝试、学习和熟悉社区治理云平台，刺激网络平台不断创新服务板块的设计，优化服务方式。居民的需求内容是不断变化的。例如，在社区治理云平台初期，居民在信息检索、业务办理和社区服务等基本需求刺激下，对于在线办事的需求就会逐渐增多；当在线办事功能得满足后，人们就会追求“质”的提高和改进，此时原来的基本需求就难以承受刺激作用。从需求层次和需求的激励作用来看，居民需求是不断提升的、发展着的。社区治理云平台的服务范围是不断延展的。随着新技术与新服务新项目的扩散，平台会吸引越来越多的用户，用户群体的复杂化和需求的差异化也对促使社区治理云平台不断进行服务内容更新。其次，社区治理云平台本身也是不断升级的。初始的平台也许提供的只是一些基本的服务，但是随着居民的反馈和需求申诉，平台服务模块也会逐渐完整、清晰、有针对性。社区治理云平台涉及居民的衣食住行，服务群体复杂，消费的规律性比较弱，服务模块创新、系统质量优化和界面设计人性化都是一个逐渐延伸完善的过程。

第二节　居民需求的理论分析

与人的需求相似，网络平台的用户需求也具有层次性与激励功能。社区治理云平台作为信息社会社区服务的新载体，承担了信息检索、居民意见收集、社区服务反馈、公共参与能量场等多种功能。社区治理云平台的设计和完善需要以社区现实需求为中心，一方面解决居民迫切需要解决的生活难题，满足基本服务需求；另一方面，以居民更高层次的需求为指向，不断进行服务板块更新和创新服务设计，提升社区治理云平台的吸引力和持久影响力。因此，在研究如何完善社区治理云平台的搭建与设计时，首先需要对当下我国社区居民的服务需求状况进行研究，基于用户需求的相关理论对社区居民需求进行分层，厘清社区居民需要结构。特别需要强调的是，随着我国经济社会的转型，部分领域已经逐渐步入后现代化社会阶段，本书基于此背景将后物质主义价值观的相关理论也引入社区需求的分析中，以保持需求分析的前沿性与科学性。

一、需求层次的相关理论

（一）马斯洛需求层次理论

1943 年，马斯洛在《人类动机的理论》中提出了著名的需求层次理论，该理论认为人的行为是受需求驱动的，个人不同层次的需求会产生不同的行为目标，从而为人的行为提供激励和指向。需求层次理论将个人需求划分为生理、安全、归属与爱、尊重和自我实现五大层次。生理需求是人最基本的生存需求。安全需求是指人们对稳定、安全、秩序等方面的需求，是免除恐惧和焦虑的必要条件。归属与爱的需求是与其他人建立社会联系得到情感照顾的需求。尊重需求是指自尊和希望受到他人尊重的需求。马斯洛认为，尊重需求是个人对自身价值的体验，与自我实现需求一样，都属于最高的个人需求层次。尊重需求与自我实现需求在个人行为目标中体现为个人理想、个人创造力、个人社会价值、影响力、发言权以及自身能力的实现等多方面。五种需求像阶梯一样从低到高，逐层递升，但次序并不是完全固定的，只有一个层次的需求得到满足后新的需求才会发挥激励作用。较低层次需求得到满足后较高层次的需要才显示出其激励作用，在多种需要未获满足前，低层次需求具有较大的激励作用，这时候更高层次的需求还没有足够的激励作用。同一时期，个人可能存在多种需求，但总有一种需要占支配地位，对行为起决定作用。

（二）ERG 理论

美国学者克雷顿·奥尔德弗（Clayton Alderfer）提出了新的需求层次理论，该理论将人的核心需求划分为生存（existence）、相互关系（relatedness）和成长发展（growth），又称 ERG 理论。与需求层次理论相似，生存需求是涉及衣食住行等方面的基本物质需求；相互关系需求对应的是马斯洛需求层次理论中的社会需求与尊重需求两个层次；成长发展需求则是指个人自我实现与发展方面的需求，融合了需求层次理论中尊重需要的内在部分与自我实现需求层次的内容。在需求内容与层次划分方面，ERG 理论与需求层次理论存在一些差异，在不同需求层次的激励作用方面也持有不同的观点。奥尔德弗认为同一时期存在多种需求层次共同起作用，即使在个人的生存需求和相互关系需求还没有得到满足的情况下，成长发展的需求依然会产生激励作用，ERG 理论强调需求并存的原则，并不强调需求层次的顺序。当较高层次需求满足被抑制时，个人对低层次的需求会变得更强烈，存在这种“受挫—回归”的规律。不同的是，马斯洛认为需求层次是一种刚性阶梯式的上升结构，且上升关系是不可逆的，如果某个需求层次尚未得到满足，那个人可能会持续地停留在这一需求层次，直到满足为止。

（三）后物质主义价值观理论

罗纳德·英格尔哈特（Ronald Inglehart）率先发现了西方发达工业社会中民众价值观的重大代际转变，从而开辟了“物质主义”价值观向“后物质主义”价值观转型的研究领域。英格尔哈特以马斯洛的需求层次理论为依据，总结公民价值观从物质主义向后物质主义转变的代际变迁过程。物质主义需求主要集中在生存和安全两方面，包含经济平稳、抑制生活成本、社会安全有序、个人资产有保障等方面。后物质主义需求主要体现在归属、自尊、知识、发展等方面，具象为对言论自由、个人权益、更人性化的社会、更美丽的城市环境、更多话语权的追求，详细的需求分层与内容见下表 5.1。

表 5.1　物质主义价值观与后物质主义价值观的分层与内容

归属与自我实现需求（后物质主义）		匮乏性需求（物质主义）	
审美	美丽的城市与乡村	人身安全	强大的国防
知识	言论自由		打击犯罪
	理想高于金钱		国家秩序
归属与自尊	更有人情味、更人性化的社会	经济安全	经济稳定
	更多发言权		经济增长
	更多话语权		抑制物价上涨

按照马斯洛需求层次理论，当最下层的个体需求得到满足时，公民需求便向更高层次的需求递升，这样才能产生持续的激励与驱动功能，使个人朝着更高层次的追求不断前进。经过大量的调研与实证测量分析，英格尔哈特的研究确定了人的价值观从物质主义向后物质主义变迁这一发展路径，公民的政治价值观是通过代际的更迭而进行变迁的，针对这一结论，英格尔哈特提出了匮乏假设：越是匮乏的事物就越能得到更多的重视与关注，基于此可以对当下居民的需求做出判断。① 在经济学的范畴中，“边际效用递减”理论可以作为解释匮乏假设的有力依据，当人们越想得到某种物品，那他们对这种物品的渴望程度与偏好程度就越强，获得后所产生的满足感也就越高。但是，随着对这类物品获得的越多，个人对此物品的偏好就会逐渐降低，获得时的满足感也会逐步递减，直到满足效果为负，即随着对某类物品消耗的增加个人的边际效应是递减的，直到递减为零。这就是匮乏理论的发生机制。在社会生活中处于物质匮乏的人群，对于经济、食物、安全的需求使他们将生存视为优先价值观。反观生活富足群体的需求，他们的需求重点从物质生活层面上升到了精神需求层面，希望获得个人的话语权、优质的生活以及自我价值的实现。在此过程中，个人的价值观选择就逐渐由匮乏物质需求向匮乏精神需求转变。需求层次理论、边际效应递减理论从经济学的视角论证了公民价值观的转变，人类需求从低层次向高层次进阶的趋势，以及现在社会需求重心从安全秩序向自由权益方面的过渡。英格尔哈特根据匮乏理论和不同价值观群体的居民追求将需求分为即生理性需求（物质主义）与社会和自我实现需求（后物质主义）两个层面。结合马斯洛对需求的划分，本书将公众需求整合为匮乏性需求（物质主义）、关系需求（后物质主义）与自我实现需求（后物质主义）三个层

① 英格尔哈特．现代化与后现代化：43 个国家的文化、经济与政治变迁［M］. 严挺，译．北京：社会科学文献出版社，2003：25-245.

次，具体层次整合与划分见图 5.1。

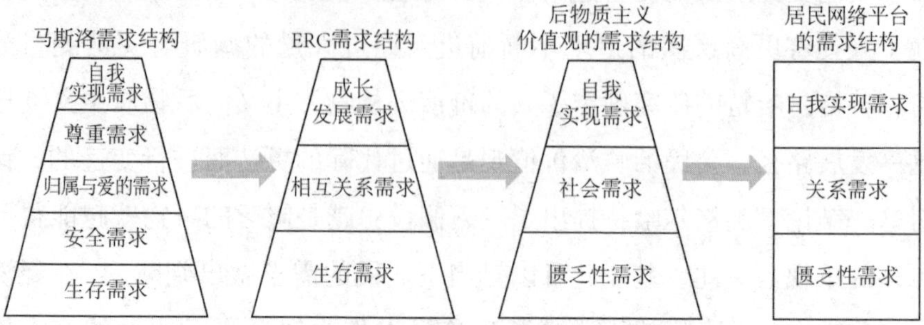

图 5.1 基于需求层次理论的社区居民需求结构图

二、理论选择与适用性分析

研究了关于用户需求的相关理论可以发现，虽然不同学者在需求层次划分和关注重心方面存在差异，但是，总体来说个人需求层次存在自下而上的层级递升特征，且不同程度层级间存在不同的变化关系。本书以社区居民为主要研究对象，社区群体特征具有一定的特殊性。社区网络平台服务是一种非竞争性和非排他性的准公共产品。社区公共服务平台的设计目标是构建一个公共参与的公共场域和社区服务平台，它强调了社区管理者与社区居民之间的对话沟通和合作共治。社区公共网络服务不仅仅是信息服务，还具有更多的社会关联性、价值导向性和政策驱动性。通过社区公共网络实现良好的服务需要结合工业化、城镇化的城市社区发展背景，需要结合城市社区居民的价值观倾向、群体特征与行为目标来划分需求层次，设计服务板块。后物质主义理论本质上是关于价值观变迁的理论，价值观引导个人行为目标形成，而目标的设定则决定了个人在社会生活中的动机与需求。英格尔哈特论证了人类的价值观从物质主义向后物质主义变迁，并提出对那些长时间处在转型阶段的国家和社会而言，从注重生存到重视幸福这条价值观变迁轨迹同样适用。

处于社会转型阶段的城市社区居民也在面临着物质主义价值观向后物质主义价值观的过渡，如何利用信息社会的技术红利，通过社区网络平台服务满足社区不同群体的行为目标和多层次需求，完善社区网络服务的供给，需要对当下我国城市社区的价值观倾向、用户需求层次以及社区网络参与行为进行分析，并结合具体调研数据进行实证论证。这是后物质主义价值观在社区网络服务领域的应用，也是通过社区治理云平台对我国城市社区居民的价值观与需求层次做进一步的确认。

“工业社会时代与后工业社会人们的关注重心是不同的，工业时代物质资料不够丰富，人们的注意力集中在阶级冲突以及与之相关的物质财富分配方面。在后工业社会，人们的关注点更多地集中在生态保护、个人权利与自由、美好社会建设等与阶级不相关的方面。”① 自改革开放以来，我国经历了较长时间的平稳发展，物质基础逐渐丰富。在改革的初始阶段，物质匮乏，居民对衣食住行的需求较大，物质主义价值观的倾向比较明显。截至 2007 年我国人均 GDP 达到 2000 美元，从国际惯例看这是经济发展达到后物质主义阶段的临界点。② 随着社会经济改革进入深水区，经历了 40 多年的经济发展和社会转型我国基本进入了小康社会，国民收入和教育水平显著提升，医疗报销、养老保险等几乎实现了全覆盖，社会福利水平提升和社会保障提升解决了国民关于生存安全方面的忧虑，为后物质主义的发展奠定了基础。越来越多的人在注重发展经济的同时也注重环境的可持续性，强调优化居住环境、建设更有人情味的社会、在社会和国家政策过程中发表自己的立场和观点、维护个人权益等，我国公民的后物质主义价值观越来越浓。比较重要的一

① RONLD I. The Silent Revolution：Changing Values and Political Styles among Western Publics [M]. Princton：Princton University Press，1977.

② 郭莲．中国公众近年价值观的变化：由“物质主义价值”向“后物质主义价值”转变 [J]. 学习论坛，2010 (10)：61-64.

个标志就是中国社会基本矛盾的改变。党的八大提出我国社会的主要矛盾是人民对于经济文化迅速发展的需要同当前经济文化不能满足人民需要的状况之间的矛盾；党的十一届六中全会指出我国社会的主要矛盾是人民日益增长的物质文化需要同落后的社会生产之间的矛盾；党的十九大报告提出，新时代我国社会主要矛盾已经转化为人民日益增长的美好生活需要和不平衡不充分的发展之间的矛盾。① 这一系列变化背后反映出我国经济供给、需求内部的结构性变化。② 虽然经济发展、国家秩序、完善社会福利仍是我国社会发展的主要目标，物质主义价值观仍是公民价值观的底色③，但居民的行为目标正在逐渐发生变迁，对个人话语权、社区生活和自我实现等方面的后物质主义价值追求越来越明显。中国社会处于物质主义价值观与后物质主义价值观交织过渡的特殊阶段，以后物质主义价值观为理论基础对社区网络平台的用户行为目标与需求层次进行分析，更符合社区居民的群体特征和演变趋势。

第三节　社区网络参与的优先目标与需求关系假设

罗纳德·英格尔哈特在《静悄悄的革命：变化中的西方公众的价值与政治行为方式》中率先发现了西方发达工业社会中民众价值观的重大代际转变，即“物质主义”价值观向“后物质主义”价值观转型，并以马斯洛的需求层次理论为依据，总结了公民政治价值观从物质主义

① 十九大报告作出了“中国特色社会主义进入新时代”的重大判断［EB/OL］. 新华网，2017-10-19.

② 徐小佶. 全面深刻认识把握新时代的新矛盾［J］. 中共福建省委党校学报，2017（11）：7-9.

③ 英格尔哈特. 中国尚未进入后物质主义价值观阶段［J］. 人民论坛，2013（27）：50-51.

向后物质主义的变迁过程。物质主义需求主要集中在生存和安全两方面，包含经济平稳、抑制生活成本、社会安全有序、个人资产有保障等方面。后物质主义需求主要体现在归属、自尊、知识、发展等方面，具象为对言论自由、个人权益、更人性化的社会、更美丽的程序环境、更多话语权等追求。[①] 当下层的需求得到满足时个人便向更高层次的需求递升，这样才能产生持续的激励，使个人朝着更高层次的追求不断前进。需求层次理论论证了公民从物质主义价值观向后物质主义价值观的转变，但是后物质主义价值观只是取代物质主义价值观的主导地位成为人的优先价值观，物质主义价值观仍然不会消失。根据匮乏理论与边际效用递减理论可发现，物质生活水平的提升将会降低财富的边际效应，物质主义价值浓厚的居民群体将会把社会安全、获取财富资源、高效获取服务作为行为目标。后物质主义价值观的民众以自我表达、自我实现、公民权利等更加人性化的社会行为作为优先选择的目标，社区居民价值观一定程度决定了居民需求层次。以此为标准可以将社区中不同居民群体的需求划分为生存安全需求与发展需求两个层面，再结合社区生活的具体需求与马斯洛的需求层次理论，本书将社区治理云平台的用户需求划分为匮乏性需求、关系需求与自我实现需求三类。其中，匮乏性需求是居民基本的物质需求，如提升工作效率、工作质量、公共秩序与办理成本等。关系需求是居民社会资本的积累与社会关系网络的构建。自我实现需求表现为居民的自我进步和自我追求，得到社会的认可与重视等。依据需求层次理论、匮乏假设与边际效应理论，可以推断当较低层次的需求得到满足时就会向较高层次发展，匮乏需求、关系需求与自我实现需求之间是从低层次需求向高层次需求逐渐过渡的关系。因此，本书提出如下假设：

① 王天楠．英格尔哈特代际价值观转变理论及其现实意义探究［J］．武汉科技大学学报（社会科学版），2014，16（1）：60-66.

H1：不同需求层次之间存在负相关关系。

H2：居民价值观与需求层次之间具有相关关系。

具有不同需求层次和需求目标的居民在社区参与意愿、参与行为方面也会存在显著不同，社区网络参与是社区居民通过线上平台参与社区治理和获取社区服务的过程，居民需求层次差异也会体现在社区网络参与行为上。匮乏性需求大多关系到社区生活的基本需求，该群体的行为目标还集中在个人利益而非公共事务，社区网络平台只有具备了丰富的服务功能，此类群体才会愿意使用，故匮乏性需求越强，社区网络参与越弱。物质主义价值观较重的居民群体比较注重社会治安、效率、财富获取以及社区救助等匮乏性需求，对公共事务缺少兴趣。因此，如果居民的物质主义价值观较浓，会降低匮乏性需求强烈的群体使用社区治理云平台的意愿，而后物质主义价值观则可能产生相反的作用。

关系需求是居民增强邻里交流、构建信任关系和积累社会资本的过程，注重关系需求的群体更懂得通过社区治理云平台与邻里交流互动，讨论社区公共事务，构建信息关系并达成集体行动。因此，可以推断居民的关系需求越强，社区网络参与就越频繁。自我实现需求是居民表达个人意见、诉求，发挥个人社会价值的行为目标追求。随着社区治理结构的调整和网络公共场域的构建，居民自我实现的需求越强烈，社区网络参与将会越频繁。在社区生活中，后物质主义观较重的群体则会将增进邻里关系、参与社区公共事务的协商、行使公民权利、建设更有人情味的社区等作为行为目标，社区居民的后物质主义价值观越浓厚，关系需求与自我实现需求对社区网络参与的作用就越明显。因此，可以提出下列假设：

H3：匮乏性需求与社区网络参与存在负相关关系。

H4：关系需求与社区网络参与存在正相关关系。

H5：自我实现需求与社区网络参与存在正相关关系。

H6：需求层次与社区网络参与的关系受到价值观的调节。

第四节　研究方法与假设验证

一、数据收集与相关检验

本书在 2019 年 4 月以社区公共网络客户端为平台随机发放问卷进行调研，问卷涉及社区居民价值观、居民需求、居民网络平台使用、用户满意度等多方面的信息，共计 40 题。在收集问卷时根据实际网民性别比例（男女比例 56：44）设定答题条件，并通过限制答题时间、发放奖励、人工筛选等形式提升答案的真实性，经过筛选和剔除处理后共收集到有效问卷 414 份，并通过 SPSS22.0 和 STATA14.0 对数据进行分析。

（一）变量选取与样本特征分析

本书的被解释变量为社区网络参与。在调研中，本书将社区治理云平台标注为包括社区网站、社区微博、社区微信公众号、社区服务 APP、社区公共服务综合信息云平台等在内的众多社区线上公共服务形式。社区网络参与则是社区民众通过各种线上平台表达诉求、参与社区事务的过程。结合政治参与的相关理论可知，公众参与涉及参与行为、参与意愿、参与目标、参与效能感等多方面。因此，本书选取了居民参与效能感、参与意愿、集体行动达成、参与目标四个维度来对被解释变量社区网络参与进行测量，并取其平均值作为衡量社区网络参与水平的指标。测度项根据 Likert 5 级量表进行设计，数值越大，表明需求程度越高，最小值为 1，最大值为 5。

本书的主要解释变量为匮乏性需求、关系需求以及自我实现需求。

匮乏性假设以马斯洛的需求层次理论为基础，根据马斯洛的需求层次理论，个人的需求层次是不断变化的，且变化的总体趋势是从低层次需求过渡到高层次需求，即从重视生理需求和安全需求向注重爱和归属、尊重和自我实现的需求变化。本书的三个主要解释变量是结合马斯洛的需求层次理论与英格尔哈特的后物质主义价值观理论进行划分的。故在对匮乏性需求的测量中，本书将这三个不同层次的需求归结到社区服务领域，并结合社区需求将其具体化。将匮乏性需求具体分解为服务获取、社会救助、生活难题破解等基本的社区服务层面；将关系需求归结为邻里互动、集体行动、更有人情味的社区建设等方面；将自我实现的需求归结为表达个人立场与观点、实现个人影响力、享受个性化服务等方面。本书的调节变量为物质主义价值观与后物质主义价值观。根据马斯洛的需求层次理论，英格尔哈特提出 12 项价值观指标。“抵制物价上涨”“稳定的经济”“经济增长”“维持秩序”“与犯罪作斗争”“强大的国防力量”6 项指标与物质需求和安全保障需求层次相匹配，用于测定物质主义价值观；“在政府决策中有更多发言权”“在工作与社区生活中有更多发言权”“更有人情味的社会”“言论自由”“注重理想”“美丽的城市”6 项指标与生活质量、自我表现和幸福感需求层次相匹配，用于测定后物质主义价值观，详细内容见表 5.1。本书借鉴英格尔哈特关于物质主义价值观与后物质主义价值观的测度分别对社区居民的价值观进行测量，其中物质主义价值观测量为经济稳定增长与国家安全，后物质主义价值观的测量为个人权利自由与幸福感，测量结果中 1 表示价值观较弱，5 表示价值观较强。

本研究将人口统计学变量中的性别、年龄、收入水平、所属区域和社会阶层等可能产生影响的要素纳入控制变量。其中性别为二分类变量，在数据中 0 值代表女性，1 值代表男性，该变量均值为 0.41，说明男性占比达到了样本总体 41.3%，数量略少于女性，但总体而言性别结构趋于合理。其他控制变量均为定序变量，数值越大，说明等级越高。

如表 5.2 所示，根据收集到的数据，在 414 份有效问卷中 28 岁以内的群体占 38.9%，29 岁到 50 岁之间的群体共占 56.7%，50 岁以上的群体占 4.3%；性别方面，男性占 41.3%，女性占 58.7%；受教育程度方面，高中及以下的占了 17.7%，大学专科与本科的占了 71.4%，研究生及以上的占了 10.9%，调研集中在大城市的社区，所以调研群体的受教育程度普遍偏高。在家庭收入水平方面，8 万元以下的低收入群体占了 25.6%，8~30 万元中等收入群体占了 59.7%，30 万以上的高收入群体占了 14.7%；在所属区域方面，调查对象中的小城市及以下人口占了 18.9%，中等城市人口占了 35.5%，大城市人口占了 45.7%。在社会阶层方面，社会底层人口占据了 13.8%，中层人口占据了 82.6%，上层人口占了 3.6%。总体看来，调研群体的受教育程度偏高，收入水平和社会阶层大多处于中等水平。

表 5.2　样本分布特征

特征变量	分类	样本量	百分比（%）
年龄	18~28 岁	161	38.9
	29~50 岁	235	56.7
	50 岁以上	18	4.3
性别	男性	171	41.3
	女性	243	58.7
收入水平	低收入	106	25.6
	中等收入	247	59.7
	高收入	61	14.7
受教育程度	高中及以下	73	17.7
	大专及本科	296	71.4
	研究生及以上	45	10.9

续表

特征变量	分类	样本量	百分比（%）
社会阶层	低阶层	57	13.8
	中阶层	342	82.6
	高阶层	15	3.6
所属区域	小城市及以下	78	18.9%
	中等城市	147	35.5%
	大城市	189	45.7%

（二）相关分析与前期检验

本书所使用的数据大多为定序变量，故本书汇报斯皮尔曼相关系数结果，如表5.3所示：就单变量间的相关关系而言，匮乏性需求、关系需求、自我实现需求变量与社区网络参与变量的相关系数均为正，且均在1%的显著性水平下通过了检验，表明匮乏性需求、关系需求、自我实现需求与社区网络参与均具有显著的正相关关系。就调节变量而言，社区网络参与和物质主义价值观的相关系数为负，与后物质主义价值观变量相关系数为正，但均未通过检验。因此，价值观与社区网络参与的相关性有待进一步考察。假设H1推断不同需求层次之间存在负相关关系，根据分析结果可以发现匮乏性需求、关系需求与自我实现需求均通过了显著性检验，且存在正相关关系，假设H1没有通过验证。就假设H2来看，物质主义价值观与匮乏性需求的相关系数为正，说明物质主义价值观与匮乏性需求显著正相关。物质主义价值观变量与关系需求变量相关系数显著为负。物质主义价值观变量与自我实现需求在5%的显著性水平具有显著的负相关关系。后物质主义价值观与匮乏性需求在1%的显著性水平下检验为负相关关系，与关系需求在5%的显著性水平下检验为正相关关系，与自我实现需求在1%的显著性水平下检验为正相关，验证了后物质主义价值观变量与不同需求层次的显著相关关系。此外，可以看出其他各变量之间的相关系数均不超过0.5，说明这些变量之间的相关性并不强，即不存在明显的多重共线性问题，这为接下来进行多元线性回归分析提供了依据。

表5.3　Spearman相关系数矩阵

	1	2	3	4	5	6
1. 社区网络参与	1.00					
2. 匮乏性需求	0.30**	1.00				
3. 关系需求	0.39**	0.09*	1.00			
4. 自我实现需求	0.40**	0.10*	0.39**	1.00		
5. 物质主义价值观	-0.07	0.26**	-0.17**	-0.11*	1.00	
6. 后物质主义价值观	0.02	-0.25**	0.11*	0.17**	-0.30**	1.00
均值	3.96	4.00	3.74	3.94	2.59	2.58
标准差	0.52	0.58	0.81	0.78	1.00	0.83

注：**. 在0.01水平上显著相关；*. 在0.05水平上显著相关。

相关性分析是单变量与单变量之间的结果分析，并未控制其他因素对结果的干扰，还需要进一步的回归分析。在进行回归分析之前要进行有关检验，为了进一步确定是否存在共线性问题，本书做了VIF检验，共线性检验的方差膨胀因子平均值（Mean VIF）为1.20，其他各变量的方差膨胀因子也均远远小于经验值10，说明不存在多重共线性问题，这与表5.3相关性分析的结果是一致的。同时，为了检验是否存在异方差的情形本书还进行了怀特检验与BP检验，检验结果如表5.4所示。无论是怀特检验还是BP检验的结果，均表明在1%的显著性水平下拒绝同方差的原假设，即存在异方差，针对异方差的情形回归估计方法要进一步修正。

表 5.4 异方差检验结果

怀特检验	BP 检验
White's test for Ho：homoskedasticity against Ha：unrestricted heteroskedasticity	Breusch - Pagan/Cook - Weisberg test for heteroskedasticity Ho：Constant variance Variables：fitted values of 社区网络参与
chi2 (76) = 120.50 Prob>chi2 = 0.0009	chi2 (1) = 36.10 Prob>chi2 = 0.0000

二、模型构建与回归结果分析

结合相关假设与不同因素间的关系，本书构建关于社区网络参与的影响因素模型如下：

$$Y = \beta_0 + \beta_1 X_1 + \beta_2 X_2 + \beta_3 X_3 + \beta_4 X_4 + \beta_5 X_5 + \beta_6 X_1 X_4 + \beta_7 X_2 X_4 + \beta_8 X_3 X_4 + \beta_9 X_1 X_5 + \beta_{10} X_2 X_5 + \beta_{11} X_3 X_5 + \beta_{CV} CV + \varepsilon$$

其中 Y 为被解释变量社区网络参与。$X_1 \sim X_3$ 为各个主要解释变量，X_4、X_5 为调节变量，模型中也纳入了上述变量的交互项。CV 为一系列控制变量，ε为随机干扰项。针对异方差情形，若运用普通最小二乘法所得到的估计量仍然是无偏、一致的估计量，但不是最优线性无偏估计。由于广义最小二乘法（GLS）假设扰动项的协方差已知，但这往往是不现实的假定，并且结合本书所使用的数据背景以及现有研究文献，并不能明确权重函数的具体情况。本书先用样本数据一致地估计参数的方差，然后使用 GLS，即使用可行加权最小二乘法（FWLS）进行估计，回归结果如表 5.5 所示。

表 5.5 关于社区网络参与的 FGLS 回归模型

	(1)	(2)	(3)	(4)
	基准模型	简单模型	加调节变量的模型	调节模型
匮乏性需求		0.21***	0.21***	0.26***
		(5.69)	(5.82)	(6.36)
关系需求		0.17***	0.17***	0.19***
		(5.73)	(5.81)	(6.19)
自我实现需求		0.15***	0.17***	0.14***
		(5.22)	(5.62)	(4.54)
物质主义价值观			-0.04	-0.03
			(-1.61)	(-1.37)
后物质主义价值观			0.01	0.02
			(0.50)	(0.64)
匮乏性需求×物质主义价值观				0.08*
				(1.73)
关系需求×物质主价值观				0.01
				(0.39)
自我实现需求×物质主义价值观				-0.10***
				(-3.25)
匮乏性需求×后物质主义价值观				-0.06*
				(-1.29)
关系需求×后物质主义价值观				0.03
				(0.77)
自我实现需求×后物质主义价值观				-0.03
				(-0.91)
性别	0.07	0.04	0.05	0.06
	(1.50)	(1.09)	(1.36)	(1.63)

续表

	(1)	(2)	(3)	(4)
	基准模型	简单模型	加调节变量的模型	调节模型
年龄	0.01	0.01	0.01	-0.00
	(0.26)	(0.49)	(0.50)	(-0.13)
受教育程度	0.02	-0.01	-0.02	-0.01
	(0.43)	(-0.15)	(-0.62)	(-0.31)
收入水平	0.04	0.02	0.04	0.04
	(1.24)	(0.71)	(1.47)	(1.30)
所属区域	-0.03	-0.01	-0.02	-0.01
	(-0.88)	(-0.36)	(-0.55)	(-0.46)
社会阶层	0.07**	0.02	0.02	0.01
	(2.20)	(0.70)	(0.85)	(0.52)
常数项	3.61***	3.87***	3.89***	3.89***
	(14.43)	(17.81)	(18.25)	(18.20)
F	2.00***	17.18***	16.55***	13.91***
R^2	0.03	0.28	0.31	0.37
$\widetilde{R}^2$	0.01	0.26	0.29	0.35
N	414	414	414	414

注：(1) 括号内为 t 值；(2) ***、**和*分别表示回归变量在 1%、5%和 10%水平上显著。

结合表 5.5 的回归分析结果可以看出各模型的整体显著性都通过了检验，且随着变量的增加$\widetilde{R}^2$也在不断增加，最终调节模型的$\widetilde{R}^2$为 0.35，说明模型的拟合优度较好，具有一定的解释力。具体回归结果分析如下。

首先，不同需求层次对社区网络参与的影响。在表 5.5 模型（2）中，在确定了居民性别、年龄、受教育程度和社会阶层等变量的条件下，主要解释变量匮乏性需求在1%的显著性水平检验为正（β=0.21，p<0.01）。关系需求、自我实现需求均在1%的显著水平下通过了检验，且系数均为正（β=0.17，p<0.01），说明匮乏性需求、关系需求以及自我实现需求对社区网络参与均具有显著正向影响，假设4与假设5得到了确认。匮乏性需求对社区网络参与的作用方向与理论假设3相反，这可能是网民用户扩展和网络化办公普及的现实结果，越来越多的事务性、基础性社区服务转移到线上办公，所以出现了居民匮乏性需求与社区网络参与同向增长。

其次，不同价值观对社区网络参与的影响。从模型（3）和模型（4）的回归结果来看，物质主义价值观与后物质主义价值观的影响都没有通过显著性检验。但是物质主义价值的作用系数与负，后物质主义价值观的作用系数为正，符合理论预期。在控制变量方面，居民性别、年龄、受教育程度、收入、地域、阶层等均未通过显著性检验，且基础模型调整后的R^2为0.01，说明控制变量对被解释变量没有显著的直接影响。

最后，关于物质主义价值观与后物质主义价值观对需求层次与社区网络参与之间关系的调节作用验证。在调节模型（4）中，调节效应主要看交互项系数的显著性，匮乏性需求与物质主义价值观交互项系数在10%的显著性水平下显著为正（β=0.08，p<0.1），表明物质主义价值观能够强化匮乏性需求对社区网络参与的影响，具有显著的正向调节功能。自我实现需求与物质主义价值观的交互项系数为负，且在1%的显著性水平下拒绝该变量系数为0的原假设（β=-0.10，p<0.01），也就表明物质主义价值观会对自我实现需求对于社区网络参与的影响具有显著的调节作用，且这种调节是逆向的。匮乏性需求与后物质主义价值观的交互项系数为负，且在10%的显著性水平下通过了检验（β=-0.06，p<0.1），说明后物质主义价值观会削弱匮乏性需求对社区网络参与的

影响，具有显著的负向调节作用。其他交互项系数并未用过显著性检验，直接影响不明显。

三、稳健性检验

稳健性检验是考察评价方法和指标解释能力的稳定性，通过不同标准调整分类、替换变量或者替换计量方法等方式考察评价方法和指标是否仍然对评价结果保持一致性。值得注意的是，本书各个回归结果中F统计量的值虽然超过了其所对应显著性水平下的临界值，但F值并不高，即联合显著检验结果并不十分强烈，而回归结果部分变量系数的显著性检验未通过，也证明了这一点。本书认为原因主要有以下两点：一是本书所使用的数据大多数为定序变量，但就数据本身而言往往是不定距的，人为的设置定序变量可能将数据之间的信息均匀化了，无法充分体现数据之间的差异；二是本书所使用的数据样本量有限，再加之引入过多的解释变量特别是交互项会大量消耗自由度，所得到的结果的有效性也会存在偏差。因此，这也是本书的不足之处。作为被解释变量的社区网络参与为参与效能感、参与意愿、集体行动达成、参与目标的求和平均，基于现有理论和相关文献无法确定具体权重，但上述不同因素的权重又可能存在差异。因此，本书将因变量设置定序变量，并考虑其内在排序尤为重要。鉴于这种情况，本书使用有序 logit 模型对所使用的数据更深入的分析，同时也对上述结果的稳健性进行检验。

建立模型：$$Y^{*}=X'\beta+\delta$$

$$P(\text{社区网络参与}=j\mid X)=P(r_{j-1}<=Y^{*}<=r_{j}\mid X)$$
$$=\gamma_{0}+\gamma_{MV}MV+\gamma_{AV}AV+\gamma_{AM}AM+\gamma_{CV}CV+\mu$$
$$j=1,\ \cdots,\ n$$

其中，Y^{*}为潜变量，不可观测，r_{j}为待估参数，即为“切点”。用

j 表示有序多分类变量即结果变量社区网络参与的 j 个类别等级。当 $r_{j-1} <= Y^* <= r_j$ 时，表明“社区网络参与=j”事件发生。因而 P（社区网络参与=j）表示结果变量社区网络参与的 j 个类别等级发生的概率。β_0 为截距，MV 为各个主要解释变量所构成的向量组，如匮乏性需求、关系需求和自我实现需求，γ_{MV} 则为其所对应的系数。AV 为调节变量如物质主义价值观、后物质主义价值观。AM 为上述各个变量所构成一系列的交互项。CV 则为控制变量分别所对应的系数。μ 则为模型的随机干扰项。有序 logit 模型回归结果如表 5.6 所示。

表 5.6　关于社区网络参与影响因素的有序 Logit 模型

	logit 模型	边际效应				
		非常不积极	不积极	积极	比较积极	非常积极
	(1)	(2)	(3)	(4)	(5)	(6)
匮乏性需求	1.33***	-0.00	-0.02***	-0.09***	-0.14***	0.25***
	(5.80)	(-1.22)	(-2.60)	(-5.48)	(-5.30)	(6.24)
关系需求	0.67***	-0.00	-0.01**	-0.04***	-0.07***	0.12***
	(3.86)	(-1.14)	(-2.27)	(-3.68)	(-4.06)	(4.13)
自我实现需求	0.73***	-0.00	-0.01***	-0.05***	-0.08***	0.14***
	(4.34)	(-1.17)	(-2.60)	(-3.99)	(-4.42)	(4.68)
物质主义价值观	-0.17	0.00	0.00	0.01	0.02	-0.03
	(-1.46)	(0.96)	(1.21)	(1.46)	(1.46)	(-1.46)
后物质主义价值观	0.16	-0.00	-0.00	-0.01	-0.02	0.03
	(1.11)	(-0.80)	(-1.14)	(-1.10)	(-1.09)	(1.11)
匮乏性需求×物质主义价值观	0.10	-0.00	-0.00	-0.07	-0.01	0.02
	(0.44)	(-0.41)	(-0.44)	(-0.45)	(-0.44)	(0.44)
关系需求×物质主义价值观	0.09	-0.00	-0.00	-0.01	-0.01	0.02
	(0.53)	(-0.49)	(-0.51)	(-0.53)	(-0.53)	(0.53)

续表

	logit 模型	边际效应				
		非常不积极	不积极	积极	比较积极	非常积极
	(1)	(2)	(3)	(4)	(5)	(6)
自我实现需求×物质主义价值观	-0.28**	0.00	0.00*	0.02**	0.03**	-0.05**
	(-2.09)	(1.02)	(1.80)	(2.07)	(2.10)	(-2.13)
匮乏性需求×后物质主义价值观	-0.45*	0.00	0.06	0.03*	0.05*	-0.08*
	(-1.69)	(1.03)	(1.54)	(1.66)	(1.67)	(-1.70)
关系需求×后物质主义价值观	-0.08	0.00	0.00	0.00	0.01	-0.02
	(-0.44)	(0.40)	(0.45)	(0.44)	(0.44)	(-0.44)
自我实现需求×后物质主义价值观	-0.03	0.00	0.00	0.00	0.00	-0.01
	(-0.18)	(0.18)	(0.19)	(0.18)	(0.18)	(-0.18)
性别	0.25	-0.00	-0.00	-0.02	-0.03	0.05
	(1.18)	(-0.83)	(-1.14)	(-1.16)	(-1.18)	(1.18)
年龄	-0.06	0.00	0.00	0.00	0.01	-0.01
	(-0.58)	(0.54)	(0.57)	(0.58)	(0.58)	(-0.58)
受教育程度	0.03	-0.00	-0.00	-0.00	-0.00	0.01
	(0.19)	(-0.19)	(-0.19)	(-0.19)	(-0.19)	(0.19)
收入水平	0.04	-0.00	-0.00	-0.00	-0.00	0.01
	(0.27)	(-0.26)	(-0.27)	(-0.27)	(-0.27)	(0.27)
所属区域	-0.18	0.00	0.00	0.01	0.02	-0.03
	(-1.31)	(0.87)	(1.25)	(1.29)	(1.32)	(-1.32)
社会阶层	0.27*	-0.00	-0.00	-0.02*	-0.03*	0.05*
	(1.87)	(-1.04)	(-1.54)	(-1.84)	(-1.92)	(1.91)
卡方值	95.09					
伪 R^2	0.17					
样本量	414	414	414	414	414	414

注：（1）括号内为 z 值；（2）***、**和*分别表示回归变量在 1%、5%和 10%水平上显著。

结合表5.6有序logit模型回归结果，结果（1）为模型的回归系数，为了便于理解各变量系数的含义，本书还给出了各个变量对社区网络参与的平均边际效应，如结果（2）至结果（6）所示。首先，从主要解释变量的影响来看。在结果（1）中，匮乏性需求、关系需求以及自我实现需求变量系数均在1%的显著性水平上显著为正。参照各个结果中的边际效应，在非常不积极、不积极、积极、比较积极的结果中，上述变量的平均边际效应均为负值，且大部分结果的边际效应值均显著。若以不积极中的边际效应结果为例，匮乏性需求变量值越大，其对社会网络参与状态为不积极的影响是负的，即个体匮乏性需求越高，其社会网络参与状态为不积极的可能性越小。其他主要解释变量相同。相反，参照结果（6），匮乏性需求对社会网络参与状态为非常积极的边际效应在1%的显著性水平上显著为正，即个体匮乏性需求越高，其社会网络参与状态为非常积极的可能性越大。其他主要解释变量相同。其次，从调节变量的影响来看。调节变量无论是回归系数还是在不同状态下的边际效应均不显著。在交互项中，自我实现需求与物质主义价值观的交互项在5%的显著性水平下显著为负，各个边际效应结果也符合预期。匮乏性需求与后物质主义价值的交互项系数显著为负，在10%的显著性水平上通过了检验，进一步验证了后物质主义价值观对匮乏性需求具有显著的调节作用。分析表5.5与表5.6的结果可知，整体来看各个结果所得出的结论是相符的，各个因素对不同参与水平概率的影响，与FWLS的回归结果也保持了一致性，由此可以说明回归结论是稳健的。

第五节 结论与建议

一、研究结论

本章通过研究发现我国城市居民的社区网络参与受到需求的多重影响，在经济社会快速转型中新老代际的价值观正在逐渐发生变化，与之相对应的行为目标、动机在发生改变，社会生活需求也顺势发生变更。通过相关分析与回归估计结果可以看出，我国城市居民的社区网络参与受到需求的多重影响，这与社会转型期多种价值观与需求层次叠加的社会结构相符。基于数据分析结果，可以得出如下结论。

其一，居民匮乏性需求、关系需求与自我实现需求三个层次是共同存在、彼此强化的。虽然，根据马斯洛的需求层次理论和英格尔哈特的后物质主义价值观理论，当较低层次的需求得到满足时就会向较高层次发展，不同需求层次间是替代的。但是通过相关分析发现三个需求层次之间存在显著正相关关系，分析回归结果发现三个需求层次在社区网络参与方面在共同起作用，并彼此强化。美国学者克雷顿·奥尔德弗（Clayton Alderfer）的 ERG 理论能够为此结果提供有力解释，即 ERG 理论认为需求层次之间是可逆的，当高层次需求的满足受到抑制，低层次的需求将被强化，多种需求可以同时产生激励作用。① 三个需求层次之间并不是刚性结构，即使一个人的生存和关系需要尚未得到完全满足，他仍然可以为发展层次的需要工作，三种需求可以同时起作用。其二，

---

① ALERFER C P. An Empirical Test of a New Theory of Human Need [J]. Organization Behavior and Human Performance, 1969 (4): 142-175

持不同价值观的居民群体需求层次差异显著。物质主义价值观较重的居民群体，对匮乏性需求较强烈，对邻里关系培养与实现自我价值方面的需求较弱。相反，那些后物质主义价值观浓厚的居民群体，大多在受教育程度、收入水平和社会阶层方面具有优势，他们对匮乏性需求较弱，对居民关系培养、实现自我价值、建设更人性化的社区等方面表现出更强烈的意愿，符合后物质主义价值观的理论预期。其三，居民需求越强烈，社区网络参与越频繁，且不同需求层次对社区网络参与的影响差异不明显。匮乏性需求对社区网络参与的显著正相关关系与原假设不符，却更符合社区公共服务综合信息平台的发展情形。这与信息社会网上办公，线上线下的业务衔接整合密不可分，社区生活中不管是业务性服务、公共事务还是公共参与都集中到社区治理云平台，社区公共服务综合信息平台的综合性与服务模块升级吸纳了来自各个需求层次的居民群体。所以，居民需求越旺盛，公共网络参与越积极。其四，价值观对居民社区网络参与行为的调节作用明显。虽然调节变量对社区网络参与的直接作用不显著，但是物质主义价值观与后物质主义价值观对不同需求群体的社区网络参与的调节作用显著。从物质主义价值观的调节作用来看，居民的物质主义价值观越强，越会对自我实现需求与社区网络参与的关系产生削弱的作用。这是由于物质主义价值观较重的居民群体，将更多的时间精力投放在物质需求的追求上，而抑制了自我实现需求方面的投入和相关参与行为的发生。同理，后物质主义价值观也会弱化匮乏性需求对社区网络参与的影响，虽然存在部分交互项的调整作用不显著，但是调整方式基本符合预期。

二、相关建议

改革开放以来，中国社会经过 40 多年的发展，整体上呈现出前现代社会、现代社会、后现代社会特征并存的时空压缩图景。从价值观层面来看，物质主义价值观与后物质主义价值观相互交织；从社会结构层面来看，社会发展还不平衡，城乡差异、地区差异、阶层差异较为明显。[①] 特别是在生活成本较高的大中城市，教育、医疗等公共资源等紧张，大多数人依然面临较大的生活压力，物质主义价值观仍是社会价值观的底色。但是，在经济发达地区，部分富裕阶层已经开始关注生态环境、生活质量、幸福感和自我实现等问题，后物质主义价值步入发轫阶段。价值观转变是一个漫长的更新过程，短期来看我国居民物质主义价值观的社会底色仍未改变，社区网络参与中的匮乏性需求依然占据较大比重，多种需求层次并存，价值观在引导社区居民网络参与方面共同发挥调节作用。因此，未来的社区治理云平台建设需要坚持如下方向：一是完善服务模块，满足不同居民群体的服务需求。目前社区居民群体中匮乏性需求、关系需求与自我实现需求是共存的，且当前阶段匮乏性需求的居民仍然占据较大的比例，社区公共参与网络的设计应以实际需求为导向，以功能性服务为基础，保障居民的匮乏性需求得到满足，以网络平台提升社区办事效率和服务水平。社区治理云平台应该积极完善相关的服务模块，以居民需求为导向适度进行服务模块创新，注重挖掘用户需求，满足居民在社会关系和自我实现层面的更高需求，丰富社区服务内容，提升基层公共服务的多元化与适用性。二是顺应居民群体价值观的转变，适时调整社区治理内容与服务重心。整体来看，我国居民的优先价值观正从物质主义价值观向后物质主义价值观逐渐过渡，伴随这一漫长的过程而衍生的是居民需求层次、社区参与需求以及行为目标的转变。依据实证分析结果可知，持不同价值观的居民群体需求层次差异明显。那么，未来社区治理云平台的建设就应该不断面向所有居民平等开发公共参与渠道，不断更新服务内容和治理方式，使社区治理与服务

① 曾竞．英格尔哈特后物质主义理论解读［J］．理论月刊，2018（1）：58-61．

适应不断转变的居民价值观与需求层次变化。网络参与平台设计应具有预见性和创新性，除了公共服务以外，还应注重公共参与渠道的完善和公共参与场域的构建，以增进居民参与和协商合作为导向，拓展公民的各项政治、经济和文化权利实现途径，实现居民个人价值与社区治理公共价值的有机统一。

第六章

引入需求视角的用户持续使用模型构建

本章将开始讨论最后一个核心问题，即如何提升社区治理云平台的用户持续使用行为与利用率。上一章已经探讨了社区居民的价值观、需求层次以及居民需求对社区网络参与的影响之后，可以确定居民需求是影响居民社区网络行为的重要影响因素，社区治理云平台的设计与完善应将用户需求作为重要导向。因此，本章将在经典的用户持续使用行为影响因素模型的基础上，进行拓展和整合，将需求要素纳入用户行为的研究中。本章以用户采纳—用户体验—用户持续使用的过程为研究思路，在整合信息系统持续使用模型（ECM-IS）与信息系统成功模型（D&M IS）的基础上，进一步将与用户行为相关的创新扩散理论、外部性理论等整合进来，构建起囊括需求要素、技术要素、期望使用体验、外部性要素等多重影响因素的拓展模型，并提出相关研究假设。

第一节　社区治理云平台的持续使用模型构建

本书在文献综述中已经对信息系统平台的影响因素及其相关实证分析结果进行了全面梳理总结。接下来本章将对学界普遍使用的信息系统用户行为分析模型进行介绍。在分析以往持续使用模型的基础上结合社区治理云平台的用户内在特征、用户需求要素、平台外在环境、网络外部性等要素对模型进行整合拓展，构建出更全面的社区治理云平台持续使用分析模型。

一、相关理论模型

（一）技术接受模型

Davis 率先提出了用户技术接受模型（technology acceptance model，TAM）①，该模型指出人们在接触一个新的信息服务系统时，其心理态度和主观规范都会对他后期的使用意愿和采纳行为产生影响。感知有用性和感知易用性首先会影响用户的使用态度和采纳意愿，进而通过对使用意愿的作用影响用户的使用行为。于是，Davis 就将感知有用性（perceived usefulness，PU）和感知易用性（perceived ease of use，PEOU）两个基本要素加入研究模型，提出了用户技术接受模型。此外，他还专门针对信息系统的用户行为对技术接受模型进行了修正，提升了模型的适用性。通过用户技术接受模型，可以研究各因素对个体行为意愿的影响，该理论构造了两组关于用户态度、采纳意愿和使用行为的关键因素：感知有用性和感知易用性。在关于技术接受模型的实证研究中，Davis 还对感知易用性和感知有用性对用户使用意愿的作用进行了比较，相对于感知易用性，感知有用性对用户采纳意愿的影响作用更大。技术接受模型对用户使用意愿和采纳行为的解释也被应用到关于用户采纳行为的其他领域，在后续的探索和应用中，模型不断得到拓展和丰富，不断有新的影响要素被引入，例如，用户自身的计算机焦虑、对新技术的

① DAVIS F D，BAGOZZI R P，WARSHAW P R. User Acceptance of Computer Technology：A Comparison of Two Theoretical Models [J]. Management Science，1989，35（8）：982-1003.

接受度、操作熟练度等，促使该理论得到不断的发展。

（二）创新扩散模型

埃弗雷特·罗杰斯（E. M. Rogers）把创新扩散定义为一项创新通过特定的方式在不同社会成员之间进行传播、扩散的过程。在这个过程中，创新的扩散囊括了创新、传播渠道、时间和社会系统四个要素①，并且整个过程呈现出一条S形曲线的形状。在传播初期，使用者比较少，扩散较慢；当使用人数达到居民的10%~25%时，扩散的速度会快速提升；当接近饱和点的时候扩散的速度又会慢慢变缓。创新扩散是依靠一定的社会网络进行蔓延的，在新技术的推广过程中，受众的采纳、接受再到推广需要依靠人际交流逐渐扩散开来。在新技术和新产品的推广中，大众媒体传播能够在知识普及和影响扩散方面发挥较大的作用，但在人们的采纳和接受方面，通过人际关系进行传播却更加直观、高效。因此，对新产品和服务进行推广扩散的最佳途径应是“双管齐下”，将大众传播和人际传播结合起来加以应用。目前，这一观点已在诸多领域得到认可和应用。

（三）期望确认理论（ECT）

以消费者购买前持有的期望（expectation）与购买后获得的绩效（perceived performance）表现进行比较确认（confirmation），以此对产品与服务的满意度进行测量（satisfaction），而消费者满意度的高低是消费者是否愿意持续使用或回购（repurchase intention）的重要参考。信息系统期望确认理论（ECT-IS），是期望确认模型在网络信息系统的延伸和应用，将期望确认理论应用于网络信息平台，可以通过服务期望、绩效评价、期望确认与满意度情况来考察网络用户的使用意愿与持续使用情况。此时，期望（expectation）就为平台用户评价有关产品或

---

① ROGERS E M. Diffusion of Innovation [M]. 4th ed. New York: Free Press, 1995.

服务提供了参考标准，是对平台产品或平台服务产生的模糊预测。在ECT-IS中，期望与确认的关系为负向相关关系，这就表明如果消费者的期望过高而实际绩效未达到心理预期，那期望的确认程度就较低，并会影响满意度，进而影响后续的使用行为。反之，如果使用前的期望较低但实际绩效较高，则期望确认程度较高，也可以获得较高的满意度。Oliver认为满意度是一种发生于不确认的期望和消费者之前有关使用经验的感觉。Oliver将消费者的购买意愿与体验概括为如下几个阶段：具有使用需求动机的用户会对产品与服务形成一定预期，预期越大，购买意愿就越强烈，用户对产品与服务的期望直接影响其采纳行为和使用态度。用户购买产品或者采纳服务之后，会根据自身的使用体验和获取的使用价值产生一个绩效评价。如果服务绩效超过期望时就形成了正面确认(confirmation)；如果使用绩效等于期望时就形成了确认（confirmation)；如果期望超过绩效时就产生了负面不确认（disconfirmation)。然后，用户会根据自身的期望确认程度和使用体验形成一个总体的满意度评价，这是用户基于服务质量和成本收益形成的主观感受。最后，用户会依据使用的满意程度来决定是否继续使用，如果用户的期望确认程度较高，则满意度就较高，那么继续使用的意愿就越强烈，持续使用行为就越频繁。具体如图6.1所示。

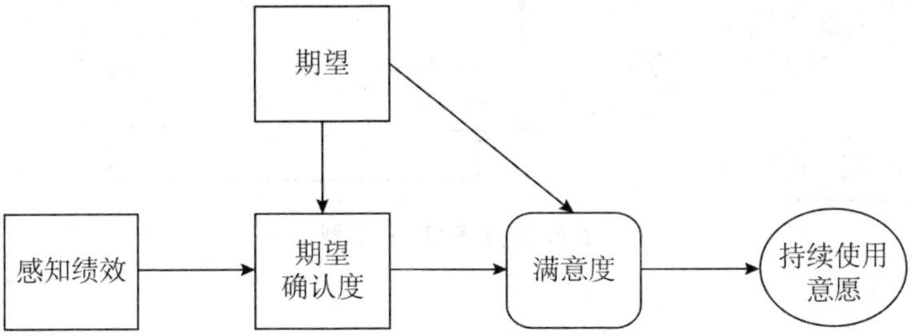

图6.1　期望确认理论模型

（四）信息系统成功模型（D&M IS）

信息系统和服务质量是影响用户满意度与持续使用行为的重要因素，学界也提出了关于信息系统与服务质量要素对用户行为的影响模型。感知服务质量是由服务绩效对比产生的，用来测量用户对实际服务的感知和期望之间的关系，用户感知的服务质量则由实际使用服务状况决定。德隆（De Lone）和马克林（Mc Lean）在 1992 年提出了信息系统成功模型（IS success model），信息系统成功模型是一个分阶段和因果联系的模型，在信息系统的使用前、使用体验与使用后的影响是一个环环相扣的过程。根据不同阶段和过程，这个模型主要包含三部分：第一部分是“信息质量”和“系统质量”，用来形容系统因素；第二部分是“系统使用”和“用户满意度”，用来形容用户过程体验；第三部分是个人影响和组织影响，用来衡量信息系统的使用结果。① 因此，这六大要素就奠定了信息系统成功模型的理论基础。2003 年德隆和马克林还对初始的信息系统成功模型进行修正，新模型的具体内容见图 6.2。一方面是引入了“服务质量”为对信息系统进行评价，通过“信息质

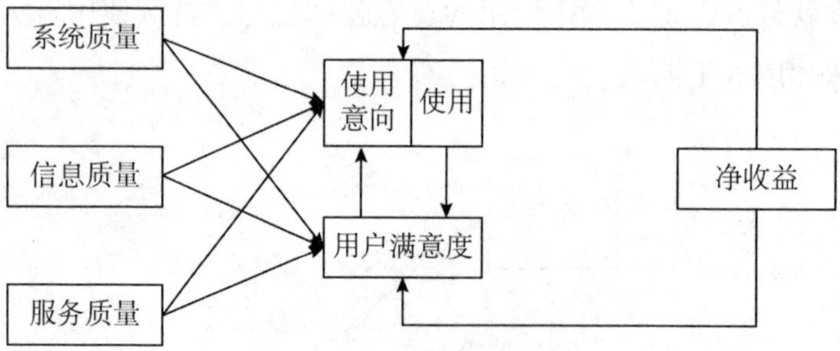

图 6.2 D&M IS 模型

① DELONE W H，MCLEAN E R. Information Systems Success：The Quest for the Dependent Variable［J］. Information System Research，1992，3（1）：60-95.

量”和“系统质量”两个变量共同对用户的使用意愿和满意度产生影响；另一方面是新的模型把“个人影响”和“组织影响”合并为“净收益”，在新模型中，净收益包括个人影响、组织影响和社会影响三个层面，净收益分别对用户的使用意愿和满意度产生影响，这些影响既包括正向影响也包括负向影响。[1] 从模型构成要素与要素作用路径可以看出，用户的使用意向受到质量要素与用户满意度的共同影响，但系统质量、信息质量与服务质量对使用行为的影响通过用户满意度发挥作用。

（五）网络外部性理论

国外学者 Rohlfs 率先展开了网络外部性的价值与相关理论研究，并在研究中发现随着信息服务系统用户数量的增加，用户从信息系统中获得的效用也会增长。[2] Lou 等学者认为用户行为常常受到集体行为的影响，如果用户周围的人积极采纳某个信息系统的服务，在这种群体行为的影响下会产生一种集体行为意识，促使用户也去接受和使用这个系统。相反，如果某个信息系统的用户较少，创新扩散的速度很慢，则会导致越来越多的不信任和使用意愿低的现象。另一种外部性体现为，信息系统技术升级和服务优化带来的价值升值，这种技术外部性也会提升用户在使用过程中的效用和服务价值，政府门户网站提供的网上咨询服务就是一种典型的案例。[3] Katz 和 Shapiro 提出了网络外部性理论，并对网络外部性的概念、要素与特征做了系统研究。他们将网络外部性理论界定为：“消费者从产品或服务中获得的效用随用户的增加而增加，

---

① HALAWI L，MCCARTHY R. Which theory applies：An analysis of information systems research［J］. Issues in Information Systems，2006（2）：252-256.

② ROHLFS J A theory of interdependent demand for a communications service［J］. Bell Journal of Economics，1974，5（1）：16-37.

③ LOU H，LUO W，STRONG D. Perceived critical mass effect on groupware acceptance［J］. European Journal of Information Systems，2001，9（2）：91-103.

这种因其他用户也采纳共同的产品或服务而产生的效用特性，叫作网络外部性。”① 外部性不仅存在正向外部性，还存在负向外部性，即消费者从网络平台获得的效用随着用户总量的增长而减少。从呈现方式来看，网络外部性还表现为直接外部性和间接外部性。前者指的是通过消费相同产品的市场主体的数量所导致的直接物理效果而产生的外部性，具体来说，就是消费某一产品的用户数量增加而直接导致的网络价值的增加，如电话、传真、e-mail 等；间接外部性是指某一产品使用数量增加，引起此产品的互补产品供给增加，反过来导致价格降低而产生的价值。网络外部性的本质是某个产品或服务以其广泛的用户而具有的群体效应，网络外部性对于服务的推广和刺激用户采纳具有显著影响。②

（六）信息系统持续使用模型（ECM-IS）

Bhattacherjee 是最早突破信息技术采纳理论框架对用户持续使用进行研究的学者，他从消费者行为的角度，基于期望确认理论和技术接受理论构建了全新的信息系统持续使用模型。在研究中，他主要讨论的核心问题是：（1）在信息系统用户采纳信息系统后，影响持续使用该信息系统意愿的动机是什么？（2）这些动机如何影响持续使用意愿？③ 这项研究本质上与 Davis 等人的技术接受模型相似，都是基于消费者行为的视角对用户行为动机进行解释。为了更准确地把握信息系统的持续性，他将 Davis 提出的技术接受模型与 Oliver 提出的期望确认模型相结合，构建了用户持续使用行为的整合模型，并提出相关研究假设。他通

① KATZ M L，SHAPIRO C. Network externalities，competition，and compatibility [J]. American Economic Review，1985，75（3）：424-440.

② KATZ M L，SHAPIRO C. Network externalities，competition，and compatibility [J]. American Economic Review，1985，75（3）：424-440.

③ BHATTACHERJEE A. Understanding information systems continuance：An expectation confirmation model [J]. MIS Quarterly，2001，25（3）：351-370.

过对在线银行用户使用行为的实地调查，对 ECM-IS 模型的理论假设进行了检验。检验结果表明，用户的持续使用意愿取决于他们对信息系统使用的满意程度以及对持续使用信息系统的感知有用性。反过来，用户满意度也受到使用者对先前使用信息系统和预期有用性的期望确认水平的影响（图 6.3）。这项研究促使人们注意到了用户初始采纳和持续行为之间存在实质性的差异，该研究是最早开始对信息系统持续理论模型进行验证的研究之一，也率先将期望确认度和用户满意度整合到了对信息系统持续使用行为的解释中来。

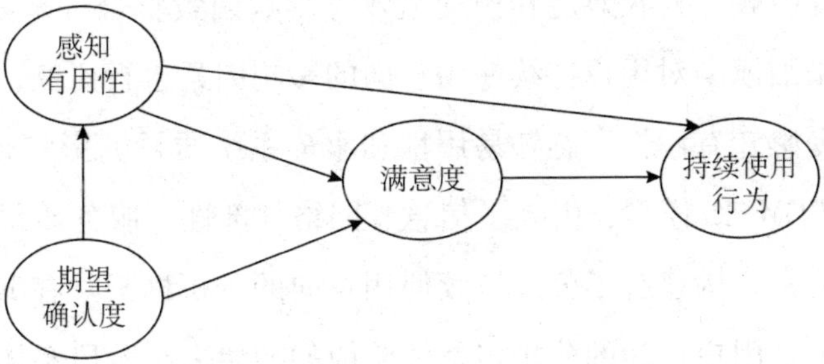

图 6.3 ECM-IS 模型

二、模型选择与适用性分析

技术接受模型一般用来对用户的初始选择做出解释，期望确认模型和系统成功理论对用户的体验过程和体验感受做出了预测，创新扩散理论和外部性理论分别从平台推广和用户预期两个层面对线上服务系统的扩散做出解释，但是他们都无法对用户的后续使用意愿和使用选择做出全面的解释。可以发现，单一的研究视角或者解释模型无法为复杂的用户行为进行全面可靠的解释。Karahanna 的研究却发现很多用来解释初始采纳行为的决定因素对有经验的用户没有增加解释力，也就不适用于研究用户的后续采纳行为，因此他们认为应该找出初始采纳和持续使用行为上的决定因素的区别。① 最大的挑战也是保证公众对网站的持续使用，如果网站不能满足公众需求，持续使用行为会终止。② Bhattacherjee 对用户持续使用行为的分析也是使期望确认理论和技术接受理论结合起来的信息系统持续使用模型（ECM-IS），该模型验证了用户对系统的满意度、感知有用性、期望确认水平三个影响要素对系统后续的使用行为产生决定性的影响③，用户期望通过感知有用性与用户满意度对持续使用行为产生影响。侯海连基于技术接受模型、沉浸理论和社会认知理论，提出了用户采纳和持续使用两阶段的影响因素整合模型，并将社会影响、认知吸收、自我效能和预期绩效等影响因素整合进来。④ 朱多刚基于初始采纳模型对用户持续使用意向的影响因素进行研究，表明后续使用行为受感知有用性、感知易用性和服务系统质量的影响较大。⑤ 汤志伟基于 ECM-IS 模型，引入了信息、网络外部性、服务质量和感知易用性四个要素，构建起了公众持续使用意向的分析框架。在 ECM-IS 模型的框架下，用户行为的分析包括体验前的初始采纳阶段和体验后的持续使用选择阶段，线上信息系统成功与否是由体验后用户的持续使用行为决定的，用户的持续使用行为是最终的决定性要素。⑥ 因此，本书基于以往的用户持续研究采用 ECM-IS 模型与 D&M IS 模型相结合的方式

① KARAHANNA E，STRAUB D W，CHERVANY N L. Information Technology Adoption Across Time：A Cross Sectional Comparison of Pre-Adoption and Post-Adoption Beliefs [J]. MIS Quarterly，1991，23（2）：183-213.

② BHATTACHERJEE A. Understanding information systems continuance：An expectation confirmation model [J]. MIS Quarterly，2001，25（3）：351-370.

③ BHATTACHERJEE A. Understanding information systems continuance：An expectation confirmation model [J]. MIS Quarterly，2001，25（3）：351-370.

④ 侯海连．基于用户认知的在线学习服务采纳与持续使用的影响因素研究［D］. 上海：华东理工大学，2011.

⑤ 朱多刚．政府网站用户持续使用行为研究［J］. 电子政务，2012（12）：114-121.

⑥ 汤志伟，韩啸，吴思迪．政府网站公众使用意向的分析框架：基于持续使用的视角［J］. 中国行政管理，2016，28（4）：27-33.

进行模型整合，构建社区治理云平台持续使用模型，该模型在期望确认要素的基础上，加入了信息系统成功模型的信息质量、服务质量、和系统质量要素，这些要素都是通过对用户体验满意度评价对持续使用意向产生影响。同时，本书还结合用户需求要素、网络外部性要素等对社区治理云平台持续使用模型进行拓展。在期望确认、服务系统质量理论的基础上，将用户需求要素、用户内在特征要素、外在环境要素、外部性、满意度等共同纳入考察，囊括了用户接受后的期望和使用感受综合测评。此外，本书还将持续使用行为的测量扩展为多维的测量，将倾向于持续使用的三种行为——用户持续采纳、用户推广与用户惯性忠诚纳入测量，构建起关于用户持续使用行为的综合测评体系，对用户体验后的行为可能性进行预测。

社区治理云平台提供的是一种准公共物品，关于电子政务、电子商务的用户行为模型在社区治理云平台的研究中具有适应性。社区治理云平台的主要功能是服务，而且获得服务的过程也是居民参与社区公共生活的过程，社区用户在使用社区治理云平台的过程中也需要消耗时间、精力、信息等。因此，需要对用户采纳心理和使用行为进行深入分析，以提升用户的使用意愿与平台的活跃度。同电子政务、电子商务的服务系统一样，社区网络平台系统也是以线上服务系统的形式来进行服务，具有信息服务的一切特征，适用于信息系统的 ECM-IS 模型与 D&M IS 模型对于社区治理云平台的分析同样具有合理性和适用性。

三、社区治理云平台的持续使用模型构建

社区治理云平台持续使用模型将信息系统持续使用模型（ECM-IS）和信息系统成功模型（D&M IS）相结合而成的组合模型，信息系统持续使用模型和信息系统成功模型是这个拓展模型的基础，期望确认程度和信息系统质量是本模型要考察的基本要素。此外，如第五章的研

究结果所示，社区居民的需求要素对居民的网络参与行为也具有显著的促进作用，现实的社区服务平台建设也越来越注重居民的需求导向作用，故本模型将居民需求要素也纳入模型中。同时，基于现有的文献研究与实证分析结果可知，技术接受水平、用户参与态度、平台易用性以及网络外部性等要素都与信息系统用户行为紧密相关。所以，本书基于社区治理云平台的用户特征对社区治理云平台的持续使用模型进行拓展补充，并将用户需求要素、内在特征要素、外在环境要素、网络外部性等相关要素纳入影响因素模型，提出相关假设并验证这些要素对用户持续使用行为的影响，寻求完善公共网络行为的突破口。这是一个囊括了用户不同阶段行为选择和行为预期的理论模型，用户需求是社区用户在社区生活中不同层次需求的综合。在这个模型中，本书先以用户需要要素、内在特征要素、外在环境要素等来判断居民对社区治理云平台的采纳意愿，然后加入信息系统质量、期望确认度、用户满意度、网络外部性等要素来分析居民关于社区治理云平台的持续使用行为和推广态度。这一过程囊括了三个环节：其一，社区居民用户的采纳研究，聚焦于个体微观层面上的动机、需求、技术接受度、平台易用性、宣传推广等客观影响因素。其二，用户使用体验研究，主要集中在期望确认水平、体验满意度、感知有用性、信任关系形成等方面，考察用户体验过程中的服务获取与满意度。其三，体验后的用户持续使用意愿与行为分析，从持续使用意愿、推广意愿与用户忠诚等多个维度对用户持续使用行为进行测量，并将网络外部性等要素纳入考察。但是，值得关注的是，不管是用户初始采纳行为还是体验后的持续使用行为，用户使用意愿和行为选择都是内在特征要素、外在环境要素、系统质量、服务感知等多方共同作用的结果，三个阶段各要素对用户行为的影响是交叉重叠的，不同要素之间的相互影响也是复杂的，具体关系模型结构如图 6.4 所示。

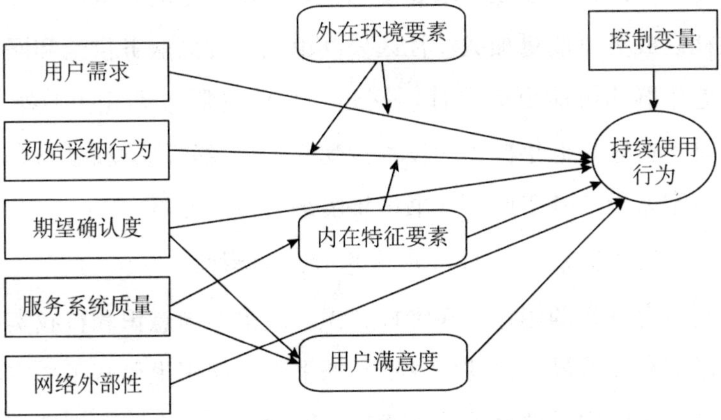

图 6.4 社区治理云平台的用户持续使用拓展模型

第二节 相关理论与研究假设

一、控制变量的选择

(一) 性别差异对用户信息行为的影响

美国人口调查局的相关调查结果显示，互联网的普及使整个社会都开始频繁地使用网络，但是男性女性在利用网络的目的和内容方面存在一定的差别。[①] 性别差异仍然可能影响社区治理云平台使用行为偏好，本书依然将性别变量纳入控制变量。

(二) 年龄差异对用户信息行为的影响

基于社区用户价值观和社区用户需求差异方面的考虑，年龄可能对

① STEYAERT J C. Measuring the Performance of Electronic Government Services [J]. Information and Mangement, 2004, 41 (3): 369-375.

网络平台使用意愿、使用需求和使用偏好产生一定的影响。比如，青年群体的社区成员可能更加关注社区公共论坛、社区服务供给和网络服务创新，老年群体可能更关注社区网站的功能性服务和相关政策法规变化。同时，青年与老年群体在技术接受度、自我效能感和参与意识方面也存在一定差异。基于此，本书将年龄纳入控制变量。

（三）教育背景差异对用户信息行为的影响

不同教育背景的用户，在维权意识、政治参与意识和自我实现价值观方面可能存在差异。公共信息平台的采纳与使用也要基于一定的技能和知识，这可以用受教育程度来衡量。因此，本书也将受教育程度纳入控制变量。

（四）社会阶层对用户信息行为的影响

感知社会阶层是调研中社区居民对自己的社会地位和具有的社会资源的综合评价。在社会阶层方面存在差异的群体可能在社区参与的技术接受度、参与信心等方面存在差异，社区用户对自己的社会阶层定位也会对社区网络平台的采纳与使用产生影响。

二、初始采纳阶段的相关假设

通过分析初始阶段影响用户采纳行为的相关理论可以发现，关于社区治理云平台的使用，用户需求要素、用户内在特征要素与外在环境要素是影响用户初始采纳行为的主要影响因素，分析诸要素与社区用户平台使用行为之间的关系可以提出如下假设：

（一）用户需求与用户采纳行为

在经济学中，市场需求是指顾客在一定的地区、时间、市场营销环境下对某种商品或服务愿意而且能够购买的数量，市场需求是消费者需求的总和。市场的需求量不仅受到物品价格的影响，购买者的人数、个人收入、个人偏好、预期以及其他相关物品的价格也会对需求产生影响。[①] 消费者的偏好、个人收入和产品价格都是影响需求的重要因素，一般来说个人偏好越强烈，购买的行为和冲动就越强烈。在社区生活中，社区居民的需求体现在匮乏性需求、关系需求与自我实现需求等多个方面。考察社区居民对社区治理云平台所提供的准公共物品的需求，同样遵循这个消费者的需求曲线，即社区居民的需求越强烈，对公共物品的采纳意愿也就越强烈。用户对某类服务的需求越大，越容易形成惯性需求和依赖心理，持续使用的可能性也越强。我国学者郑跃平关于公共政务客户端影响因素模型的研究表明，公众的客户端需求越大，互联网使用频率越高，未来继续使用的意愿就越强烈。[②] 本书第五章的实证分析结果也显示，用户需求对居民的社区网络参与行为具有显著的正向影响。因此，可以提出以下两个假设：

H1：用户需求要素与用户的采纳行为存在显著相关关系。

H2：用户需求越大，持续使用意愿越强。

（二）用户采纳与持续使用行为

公众对新技术的尝试和使用的频率越高，对新服务的知识和功能的了解也就越多，在熟悉了新产品以后，未来使用的可能性也就越大，即可能产生更大的“使用黏性”。肖俊华等学者的研究表明，公众使用智能手机 APP 的满意度直接影响他们的再次使用，[③] 郑跃平的研究反映顾客的采纳行为越频繁越容易获得较高的依赖程度和较强的持续使用意

---

① Home Computers and Internet Use in the United States Current Population Reports Special Studies [R/OL]. US Bureau of the Census, 2007-06-20.

② 曼昆．经济学原理：微观经济学分册 [M]. 梁小民，梁砾，译．北京：北京大学出版社，2012：43.

③ 郭俊华．公众接受政府门户网站的影响因素研究 [J]. 上海行政学院学报，2011，12 (01)：48-56.

愿。[1] 在社区治理云平台的使用方面，这类现象同样存在，当社区居民采纳和使用后具有积极的体验，用户才愿意继续使用，并在持续的使用中形成惯性忠诚与推广意愿。为此，我们提出如下假设：

H3：用户初始采纳行为越频繁，持续使用意愿越强。

（三）用户内在特征要素与用户采纳行为

用户内在特征是用户在选择是否使用平台时的自身特征，它包含用户的主观意愿、观念意识、技术操作水平、学习能力等多个方面。本书结合相关文献与平台用户心理特征选取了技术接受、自我效能感、参与意识、技术操作水平等指标对用户内在特征要素进行测量。技术接受度是社区居民对新的计算机技术和互联网技术的接受程度，对线上服务方式和服务事项的接纳程度是社区治理云平台是否被采纳以及持续使用的内在因素。不同用户对新技术的接纳和使用存在不同的差异，技术鸿沟长久存在于不同受教育程度和不同年龄的群体之间。有些用户在使用计算机或者信息系统的过程中会缺乏信心，并存在不同程度的计算机焦虑，这是影响用户使用意愿的重要因素，技术接受水平的高低也直接影响用户的感知易用性。自我效能感是个体对自己是否有能力完成某一行为所进行的推测与判断。用户自我效能感会对自身的认知和行为过程产生影响，自我效能感水平不同的用户在行为结果预期、目标定位和结果判断等方面存在差异。自我效能感较高的用户群体在行为过程中会有更高的心理预期与自信，从而更积极地应对复杂的系统环境，对使用意愿与采纳行为产生促进作用。公民的本质在参与，参与社会政治生活、公共生活既是公民的权利也是公民的义务[2]，是在当前的政治环境下，公

---

① 郑跃平，赵金旭．公众政务客户端的使用及其影响因素研究：基于我国一线城市的调查［J］．公共行政评论，2016（06）：23-36.

② 郑跃平，赵金旭．公众政务客户端的使用及其影响因素研究：基于我国一线城市的调查［J］．公共行政评论，2016（6）：23-36.

众试图通过各种途径引起政府重视其需求，进而影响政府决策的非职业行为过程[①]。居民公共参与意识考察社区居民对公共事务的关注度与参与度，公共参与意识越强，社区治理云平台的采纳行为就越频繁。

随着社会化水平的提升和居民权利意识的增强，基层居民和社会组织越来越希望参与到有关自身利益的政策制定和利益分配中，居民将会通过各种方式积极参与到社区治理中，低门槛、自由度高的社区治理云平台是居民社区参与的重要渠道。用户内在特征要素反映的是用户的信息技术水平、参与信心与参与意愿，内在特征要素不同的群体在对新技术的采纳与尝试方面存在一定的差异，内在特征要素越高，用户采纳新技术平台的可能性越大。同时，内在特征要素也在一定程度上影响用户的使用体验与需求层次，技术接受度高的居民往往能够获得更好的使用体验，参与意识强的居民群体会具有更高的参与需求，参与信心强的居民会对新服务项目具有更多的参与热情。因此，用户内在特征要素较强的用户更有持续使用的可能性。网络平台使用越频繁，用户后续使用的可能性就越大，但是二者之间的关联程度受到用户自身的熟悉程度、技术接受度和效能感的调节，用户自身的动机越强，技术水平越高，越容易获得好的使用体验与较高的满意度。因此，可以提出如下假设：

H4：用户内在特征要素与用户采纳行为存在相关关系。

H5：用户内在特征要素对用户需求与持续使用的关系具有调节作用。

H6：用户内在特征要素对用户采纳与持续使用的关系具有调节作用。

（四）外在环境要素与用户采纳行为

外在环境要素是影响用户采纳意愿与行为的诸多外界要素，包括社

---

① 张文显．法理学［M］．北京：高等教育出版社，2011.

会环境、群体行为、平台设计、平台推广、参与成本等，这些要素共同塑造了居民行为的社会环境，直接影响着居民的行为。人存在于复杂的社会关系中，基层社会也是各种复杂社会关系的集合，社区不同群体间的交流互动会影响到社区网络参与者的参与意愿和参与热情。如果居民的邻里朋友使用社区治理云平台较为频繁，在群体效应和社会临场感的促使下，居民也会产生强烈的使用意愿。用户在使用网络平台时与其他用户共同产生感受，作为一种使用体验，这种使用感受会对用户认知、采纳态度和使用行为产生显著影响，对用户的推广意愿和外部性感受也存在影响。胡勇的研究证实了群体的用户体验对在线学习者满意度的影响；[①] 使用成本是用户在使用信息系统时所付出的时间、精力、金钱等成本，理性的消费者总是希望以有限的成本获取利益的最大化，使用成本是消费者选择一种产品或服务与否的重要标准，作为准公共产品的社区网络平台服务也同样适用。根据技术接受模型理论，感知易用性对用户采纳态度、行为意愿和实际的使用行为具有重要影响。平台设计的易用性越强，越容易帮助用户克服了技术障碍和心理障碍，用户的采纳行为也就越频繁，平台设计的易用性是考察社区治理云平台的客观要素。可以发现，平台的宣传推广情况、使用成本以及平台易用性等外在的环境要素都会对用户的采纳行为产生显著的影响。因此，可以提出如下假设：

H7：外在环境要素与用户采纳行为存在相关关系。

心流体验是人们在完全投入一项活动之中时所获得的一种整体感受。[②] 在研究信息系统的使用中也存在着心流体验，并对用户的采纳行为、接纳态度和使用意向产生显著影响。良好的心流体验依赖于使用过

---

① 胡勇．在线协作学习对学习满意度的影响［J］．中国电化教育，2013（6）：9.

② CSIKSZENTMIHALYI M. Beyond boredom and anxiety［M］. San Francisco：Jossey-Bass Publishers，1975：11-190.

程中良好的外在环境，对社区治理云平台的用户而言，网络平台的服务模块设计、低廉的使用成本与便捷易用的操作能够很大程度上提升初始采纳者的使用体验，使用户获更高的满意度与信任感。Lin 在研究中发现，平台的设计与技术门槛通过影响用户满意度对持续使用意愿产生影响。[①] 良好的外部环境将促使用户更加频繁地使用社区治理云平台，认可网络参与路径甚至养成一定的使用习惯。因此，居民初始采纳行为对后续的使用行为之间存在显著的联系，但是这种关系受到外在环境要素的调节，即在社区治理云平台用户采纳过程中，良好的平台环境、广泛的宣传与较高的易用性都更容易使用户获得好的心流体验，增加后续使用的可能性。因此，可以提出假设：

H8：外在环境要素对用户采纳与持续使用的关系具有调节作用。

三、用户体验与用户持续使用阶段的相关假设

由 ECM-IS 模型可知，用户是否愿意持续使用服务，受到使用过程中的用户体验、用户获得感、期望确认度、用户绩效获得、满意度等多重因素的影响。社区治理云平台用户的使用体验和持续使用意愿同样受到社区居民使用前的期望、使用过程的期望确认和使用后的满意度评价等多重因素共同影响。在用户选择采纳的过程中，感知信任方面的预期是用户选择使用的重要因素信息。但是，在用户采纳行为完成之后，进入用户体验阶段，用户感知到的服务绩效和预期确认水平将影响用户是否印证信任、是否持续使用。尤其在网络公共平台，越来越多的信息需要通过网络检索，越来越多的公共事务通过网络办理，网络平台的个人信息保障、网络安全性、系统稳定性以及服务预期的确认水平都将影响

① LIN F. Assessing Citizen Adoption of E-Government Initiatives in Gambia：A Validation of the Technology Acceptance Model in Information Systems Success [J]. Government Information Quarterly，2011，28 (2)：271-279.

用户信息关系的维继。只有公众对互联网具有较高的信任，用户才会愿意在服务平台提交个人信息、申请政务服务。如果用户通过互联网平台没有达成预期目标，对网络公共平台的信任程度将会降低；反之，期望确认程度越高，用户信任程度越强，持续使用意愿也越强。因此，可以提出如下假设：

H9：期望确认程度越高，持续使用行为越强。

依据传统的顾客满意度理论，顾客满意是指顾客体验到的真实绩效与期望绩效进行比较所形成的感受状态，是顾客对产品或服务的主观评价，不完全等同于高于期望的绩效。对于用户体验后的测量应该是多维度的、系统的，除了满意度以外本书还将感知便利性、感知有用性和信任程度纳入测量范围。社区治理云平台的用户使用满意度是居民在使用了社区治理云平台之后，基于使用过程体验和期望确认程度形成的整体性评价。用户满意度水平将直接影响用户的持续使用行为。在用户满意度与使用行为的研究中，许多学者在政府网站、移动 APP、商业网站、微信用户终端、微博用户终端等领域的研究都验证了这一影响关系的显著性。Alruwaie 在期望确认模型中也指出期望确认度和满意度会影响电子政务平台的持续使用，服务质量和一致性首先影响用户期望，形成用户的满意度评价，然后通过用户满意度对用户的持续使用产生影响。① Oliver 认为满意度被认为是期望（expectation）水平与确认（confirmation）的知觉函数②。Westbrook 发现，满意度是购后行为的中介变项，连接了采

---

① ALRUWAIE M, EIHADDADEH R, WEERAKKODY V. A Framework for Evaluating Citizens' Expectations and Satisfaction toward Continued Intention to Use E-Government Services [J]. Springer, Berlin, Heidelberg, 2012.

② MANO, HAIM, Oliver, et al. Assessing the Dimensionality and Structure of the Consumption Experience: Evaluation, Feeling, and Satisfaction [J]. Journal of Consumer Research, 1993.

纳前的预期到使用体验后评价反馈及再次使用的意愿①。因此，在社区治理云平台的使用中，用户满意度正向影响用户持续使用意愿，用户满意度越强，推广意愿也越强。期望确认模型为用户满意度的形成与测量提供了解释，满意度是通过用户使用前的心理预期与使用后的绩效获得之间的差距来形成的，如果期望得到满足，那用户的满意度就较高；如果实际的绩效较低，使用前的预期没有得到实现，那顾客的满意度就比较低。用户满意度是用户体验过后的心理评价与最终态度，用户的满意度水平将直接影响用户的持续使用行为。可以看出，用户期望与实际绩效获得对持续使用行为的影响都是通过用户满意度这个中介变量来产生作用的。因此，可提出如下假设：

H10：用户满意度对期望确认程度对用户持续使用行为的影响具有中介作用。

根据系统成功模型，信息质量、服务质量、系统质量是检验信息系统的重要标志，质量要素会直接影响用户满意度，这是用户实际使用的具体情况和反应。系统质量的测量是社区居民对社区治理云平台在检索和传递信息方面使用评价，包括运行速度、索引、系统稳定性等因素，系统的性能直接影响到用户检索、使用过程体验和平台的使用成效。例如，界面设计是影响用户使用是否便利的直观因素，科学合理的界面设计能够帮助用户快速无误地完成检索任务，降低用户使用社区治理云平台的时间成本和技术难度，逻辑清晰的导航功能、界面布局、颜色、字体、图标、按钮等都能够提升用户的视觉感受。高质量的平台设计能够有效提升用户的效能感、技术接受程度与参与积极性。根据服务质量模型，用户感知服务质量的过程也是获得心流感应和满意度评价的过程，

① WESTBROOK R A. OLIVER R L. The Dimensionality of Consumption Emotion Patterns and Consumer Satisfaction [J]. Journal of Consumer Research, 1991, 18 (1): 84-91.

信息系统质量的好坏会对用户的心理预期和参与意愿产生影响，并通过影响用户内在特征要素对持续使用行为产生影响。此外，漆正丽的研究发现相容性也会正向影响用户的持续使用意愿①，相融性是新生事物与采纳者的价值观、过去的经验、需求相协调的程度，信息系统的科学设计将直接促进网络平台与用户之间的相融性。因此，可以推断，信息系统质量对用户持续使用行为的影响通过影响用户内在特征要素发挥作用。

社区治理云平台是以信息为核心的网络空间服务，平台的采纳与使用意愿受网络信息质量、系统质量、功能设计和界面设计等多种因素共同作用，用户在感知到信息系统的系统质量后，会基于平台服务质量与效率进行预期与实际使用效果的比较，形成满意度评价和持续使用意向。② 以往的研究发现，感知系统质量对用户持续使用行为的研究往往是通过影响用户满意度来发挥作用的。感知服务质量与用户满意度之间存在密切的相关性，感知服务质量越高，对社区治理云平台的满意度越高。而顾客满意度评价的高低直接影响顾客的后续使用行为，服务系统质量往往是通过用户体验后的满意度评价来对持续使用行为产生影响。因此，感知服务质量通过用户满意度体验对后续行为产生影响。可提出如下假设：

H11：服务系统质量越高，用户持续使用行越频繁。

H12：用户满意度对服务系统质量对于持续使用行为的影响具有中介作用。

H13：内在特征要素对服务系统质量对于持续使用行为的影响具有中介作用。

---

① 漆正丽．网上支付的使用影响因素和实证研究［D］．上海：复旦大学，2012.

② 陈岚．基于过程的移动政务公众参与实证研究［J］．电子政务，2013（12）：80-87.

Katz、Shapiro 和 Rohlfs 用网络外部性理论来解释产品的价值与使用产品的用户数量之间的联系。当产品不断得到推广，用户逐渐增加，尤其是网络虚拟空间的产品，存在较低的编辑成本和排他性，对于用户来说产品的价值是不断增加的，产品的兼容性也不断增加。① 所以，信息系统采纳需要众多的用户参与，从而产生一种集体行为，网络公共平台的用户感知的用户数量越多，越愿意积极学习和使用系统。② 社区居民对社区公共网络的使用意愿受网络外部性的影响，如果居民能够通过社区网站、微信公众号、公共信息平台等方式增加邻里间的互动，正如创新扩散理论所提出的，参与到公共生活中来的人越多，则可能愿意接纳社区治理云平台的人越多。同时，社区网络平台本身的开放性、共享性和融合性等特征，也会因为外部性不断吸纳越来越多的新用户，如此“滚雪球”式的扩张模式，将会彼此互为助力。因此，用户感知到的网络外部性将显著影响用户使用意愿和持续使用行为。由此可提出如下假设：

H14：外部性越强，用户持续使用行为越频繁。

通过构建社区治理云平台的持续使用模型，以用户采纳—用户体验—用户持续使用的分析阶段为思路，根据相关理论推导与实证分析结果，对影响社区治理云平台的诸多要素可能产生的影响及其影响路径进行理论预测，并提出相关研究假设，假设汇总成表 6.1。

表 6.1 研究假设汇总表

第一阶段：用户需求、用户特征与初始采纳行为
H1：用户需求要素与用户的采纳行为存在显著相关关系

① KATZ M L, SHAPIRO C. Network externalities, competition, and compatibility [J]. The American Economics Review, 1985, 75 (3): 424-440.

② ROHLFS J. A theory of interdependent demand for a communications service [J]. Bell Journal of Economics, 1974, 5 (1): 16-37.

续表

第一阶段：用户需求、用户特征与初始采纳行为
H2：用户需求越大，持续使用意愿越强
H3：用户初始采纳行为越频繁，持续使用意愿越强
H4：用户内在特征要素与用户采纳行为存在相关关系
H5：用户内在特征要素对用户需求与持续使用的关系具有调节作用
H6：用户内在特征要素对用户采纳与持续使用的关系具有调节作用
H7：外在环境要素与用户采纳行为存在相关关系
H8：外在环境要素对用户采纳与持续使用的关系具有调节作用
第二阶段：用户体验与持续使用行为选择
H9：期望确认程度越高，持续使用行为越强
H10：用户满意度对期望确认程度对于用户持续使用行为的影响具有中介作用
H11：服务系统质量越高，用户持续使用行越频繁
H12：用户满意度对服务系统质量对于持续使用行为的影响具有中介作用
H13：内在特征要素对服务系统质量对于持续使用行为的影响具有中介作用
H14：外部性越强，用户持续使用行为越频繁

第七章

关于用户持续使用行为的相关假设检验

以社区治理云平台用户持续使用模型为分析框架，结合具体调研数据对研究假设进行验证。基于相关数据的收集，本章对研究假设涉及的相关变量进行了信度和效度检验。再通过相关分析、前期检验等方式选择适当的统计方法对数据进行处理，结合多元线性回归模型、调节模型、中介模型对不同要素的影响及其影响路径进行验证，并进行稳健性检验以提升研究结果的可靠性。

第一节　变量选取与数据特征分析

与第五章相同，本章继续使用 2019 年 4 月以网络客户端为平台随机发放的调查问卷结果进行实证研究，使用 SPSS22.0 和 STATA14.0 对数据进行分析。

一、变量选取

用户持续使用行为是本章的被解释变量，郑跃平在研究中通过

“您未来是否愿意继续使用这些政务类的手机应用” 来测量持续使用意愿；[1] 朱多刚也在研究中使用 “是否会持续使用政务网站” 来对用户的持续使用行为进行测量。[2] Bhattacherjee、汤志伟也使用过了类似测量方法。因此，本书对用户持续使用行为的测量除了学界普遍采用的持续使用意愿测度项外，还将与持续使用行为紧密相关的用户使用惯性和推广意愿纳入考察，设置了用户惯性忠诚测度与推广意愿测度，通过用户持续使用意愿、用户推广行为与用户惯性忠诚三个维度进行测量，取其平均值作为衡量用户持续使用行为的指标，并通过信度检验 Cronbach's α 为 0.68，属于可信区间范围内。

本章的分析框架是基于 ECM-IS 模型与 D&M IS 模型整合构建起来的拓展模型，主要解释变量囊括了需求要素、用户采纳行为、期望确认度、服务系统质量与外部性五个要素。学界关于用户使用行为影响因素的测量已经进行了广泛的研究，并形成了普遍认可的测量方式。例如，在需求要素方面，本书结合需求层次理论与后物质主义价值观理论对社区居民的使用需求进行分层级测量，测度内容涉及服务分层普遍使用的基本服务需求、关系需求、表达需求、自我实现需求等多个方面。在用户采纳行为方面，本书借鉴郑跃平、关欣、邓朝华等学者对移动应用客户端的使用频率来测试用户的采纳情况，对社区居民关于社区治理云平台的使用频率进行测量。在期望确认程度的测量，本书采用普遍认可的期望绩效与期望满意度来进行测量。在服务系统质量方面，朱多刚、汤志伟[3]等学者通过对政务网站的系统质量、信息质量与服务质量等维度对系统服务质量进行测度。本书也通过系统质量、服务质量与信息质量

① 郑跃平，赵金旭．公众政务客户端的使用及其影响因素研究：基于我国一线城市的调查［J］．公共行政评论，2016（06）：23-36.

② 朱多刚．政府网站用户持续使用行为研究［J］．电子政务，2012（12）：114-121.

③ 汤志伟，龚泽鹏，韩啸，等．政府网站公众持续使用意向的混合研究［J］．软科学，2017（5）：128-132.

三个维度进行测量。在平台的外部性方面，本书通过网络平台扩展是否会带来用户扩展所产生的外部性进行测量。这些测度项均根据 Likert 5 级量表进行设计，数值越大，表明需求程度越高，最小值为 1，最大值为 5。各变量进行了信度效度检验，均已达到信度效度要求，具体信息见表 7.1。

为避免其他无关变量对用户行为可能带来的影响并最终混淆变量间的因果关系，本研究将人口统计学变量性别、年龄、受教育程度、收入水平、所属区域和社会阶层等测度纳入控制变量。其中性别为二分类变量，在数据中，0 值代表女性，1 值代表男性，其他控制变量均为定序变量，数值越大等级越高。具体信息见表 7.1。

表 7.1 样本选取与信度效度检验

概念	调查项	因子载荷
持续使用行为（Cronbach's $\alpha=0.68$）	在以后的生活中，您是否愿意继续使用这些社区治理云平台？	0.81
	在以后的生活中，您是否愿意将社区治理云平台推荐给邻里朋友？	0.79
	您是否已经习惯了使用社区治理云平台？	0.75
用户内在特征要素（Cronbach's $\alpha=0.60$）	您有信心通过努力，通过社区治理云平台解决社区中遇见的难题吗？	0.70
	通常来讲，您对新技术（尤其是信息技术）的接受状况如何？	0.72
	您是否希望通过社区治理云平台参与到社区事务中表达自己的观点和立场？	0.60
	您对社区治理云平台的使用熟练程度如何？	0.68

续表

概念	调查项	因子载荷
用户外在环境特征 (Cronbach's $\alpha=0.70$)	您的邻里朋友是否经常使用社区网络公共平台?	0.77
	您觉得学习使用社区治理云平台容易吗?	0.72
	作为用户，您了解社区治理云平台提供哪些服务吗?	0.82
	您觉得使用社区公共信息服务平台的获取服务的成本高吗?（因子分析后剔除）	0.46
用户需求要素 (Cronbach's $\alpha=0.60$)	社区生活中，您是否需要通过社区治理云平台在线办理社会保险缴费、低保查询、就业培训与指导、社区卫生医疗、老弱群体救助等社区事务?	0.51
	您是否希望通过社区治理云平台，建设一个更有人情味、更人性化的社区?	0.64
	您是否希望社区治理云平台提供更智慧和个性化的新服务项目?	0.63
	您是否希望借助社区治理云平台解决生活难题或获得社区帮助?	0.57
	你是否希望增进与邻里的交流互动?	0.61
	你是否希望通过社区治理云平台发挥自己在社区中的能力和作用?	0.60
用户采纳意愿	您是否通过社区治理云平台（包括社区网站、社区微博、社区微信公众号和社区服务APP等）了解社区信息，参与社区事务?	
期望确认度 (Cronbach's $\alpha=0.68$)	总体而言，社区治理云平台带来的好处达到了当初的预期	0.87
	总体而言，您对社区治理云平台的期望得到了满足	0.87

续表

概念	调查项	因子载荷
服务系统质量（Cronbach's α = 0.75）	您觉得社区网络公共平台提供的信息质量怎么样？	0.66
	您觉得社区网络公共平台提供的服务质量怎么样？	0.72
	您对社区治理云平台的功能与设计满意吗？	0.64
使用满意度（Cronbach's α = 0.67）	总体而言，使用社区治理云平台对您的日常生活有帮助	0.78
	总体而言，社区治理云平台使社区生活更加便利	0.75
	总体而言，社区治理云平台是值得信赖的	0.74
	在使用社区网络公共平台后，您对社区治理云平台的整体满意度如何？	0.56
性别	您的性别是什么？	控制变量
年龄	您的年龄是？	
家庭收入	您的家庭年收入大概是多少？	
受教育程度	您目前的受教育程度是？	
所属地区	您所在的地区属于？	
社会阶层	在众多社会阶层中，您认为自己处于社会阶层中的哪一阶层？	
外部性	总体而言，未来使用社区治理云平台的人将会越来越多	

对问卷收集的数据进行信度检验，一般是通过克朗巴哈系数（Cronbach's α）进行检验，即计算量表所有可能的项目划分方法得到的折半信度系数的平均值，它最先被美国教育学家 Lee Cronbach 提出。

通常 Cronbach's α 系数的值在 0 和 1 之间。如果信度达到 0.6 以上基本满可以满足。不同研究者对信度系数的界限值有不同的看法，有学者认为在基础研究中 Cronbach's α 系数至少应达到 0.8 才能接受，在探索研究中 Cronbach's α 系数要达到 0.7 才能接受，而在实务研究中 Cronbach's α 系数只需要达到 0.6 就可以通过信度检验，我国学者吴明隆认为信度系数以 0.5 为最低界限。总体看来，本书变量的内部一致性基本得到满足，信度可以通过检验。

二、统计分析

由于第五章已经对此次调研数据的特征做了描述性统计分析，故接下来仅对本章节选取的主要变量进行描述性统计分析。如表 7.2 所示，关于居民需求要素的平均数为 4.032，达到了较高的水平，说明社区居民的需求普遍较大；初始采纳行为与持续使用行为的均值也都达到了较高水平，社区治理云平台的外部性均值达到了 4.198，社区治理云平台的扩散速度与发展趋势较好。相比之下，用户期望确认度、服务系统质量评价与外在环境要素尚处于一般水平，说明社区治理云平台与“互联网+”建设仍然需要不断推进。

表 7.2　样本的基本特征与描述统计

变量	均值	标准差	最小值	最大值
用户采纳	3.517	1.066	1	5
用户满意度	3.877	0.520	1.25	5
持续使用行为	3.852	0.589	2	5
期望确认度	3.576	0.695	1	5
服务系统质量	3.35	0.758	1	5
外在环境要素	3.617	0.739	1.333	5
内在特征要素	3.806	0.553	2	5

续表

变量	均值	标准差	最小值	最大值
需求要素	4.032	0.456	2	5
外部性	4.198	0.698	1	5

注：调研数据样本量为414，变量用户满意度和外在环境要素均由多个测度项进行测量，故数值出现了非整数。

第二节　相关检验

在回归分析之前，本书先汇报皮尔逊相关系数结果，如表7.3所示。就单变量之间的相关结果而言，主要解释变量用户采纳行为、用户需求要素、感知系统质量、期望确认度与被解释变量持续使用行为的相关系数均为正，且均在1%的显著性水平下通过了检验，相关系数分别为0.460、0.478、0.445、0.511，表明主要解释变量与用户连续使用行为均具有显著的正相关关系。从用户采纳行为、用户需求要素、外部性、感知系统质量、期望确认度等主要解释变量之间的关系可以看出，各变量均在1%的显著性水平下为正相关关系，与理论预期基本相符。

就假设H1而言，用户需求要素变量与用户采纳行为变量在1%的显著性水平下检验为正相关关系，用户需求要素越大，采纳行为就越频繁，假设H1得到了确认。就调节变量而言，内在特征要素、外在环境要素与持续使用行为均在1%的显著水平下通过了检验，且内在特征要素与外在环境要素与初始采纳行为的关系是显著的正相关关系，这说明在影响用户使用意愿的接纳态度的初始阶段，用户本身的需求要素，自身的技能水平与平台推广都对用户的采纳选择产生影响，假设H4和假设H7初步得到验证。值得注意的是，其他各变量之间的相关系数大多没有超过 0.5，表明变量之间的相关性不强，不存在明显的多重共线性问题，这为接下来进行多元回归分析提供了依据。相关性分析是单变量与单变量之间的结果分析，并未控制其他因素对结果的干扰，这就需要进一步分析验证，在进行回归分析之前要进行有关检验。为了进一步确定是否存在共线性问题，本书做了 VIF 检验，检验结果见表 7.4。此次共线性检验的方差膨胀因子的最大值为 1.68，最小值为 1.03，方差膨胀因子平均值（Mean VIF）为 1.29，其他各变量的方差膨胀因子也均远小于经验值 10，说明不存在多重共线性问题，这与相关性分析的结果是一致的。

表 7.3　Pearson 相关性检验表

	1	2	3	4	5	6	7	8
1. 持续使用行为	1							
2. 用户采纳行为	0.460**	1						
3. 用户需求要素	0.478**	0.345**	1					
4. 感知系统质量	0.445**	0.362**	0.351**	1				
5. 用户期望确认度	0.511**	0.429**	0.316**	0.580**	1			
6. 使用满意度	0.654**	0.409**	0.477**	0.537**	0.628**	1		
7. 内在特征要素	0.610**	0.466**	0.517**	0.457**	0.470**	0.528**	1	
8. 外在环境要素	0.572**	0.555**	0.424**	0.444**	0.491**	0.558**	0.640**	1

* *. 在 0.01 水平（双侧）上显著相关

*. 在 0.05 水平（双侧）上显著相关

表 7.4 VIF 检验表

变量	VIF	1/VIF
期望确认度	1.68	0.595
系统质量	1.61	0.620
用户采纳行为	1.36	0.735
需求要素	1.34	0.747
收入水平	1.32	0.758
社会阶层	1.31	0.761
外部性	1.21	0.825
所属地域	1.15	0.869
受教育程度	1.11	0.898
年龄	1.06	0.940
性别	1.03	0.974
Mean VIF	1.29	

对于线性回归模型，如果扰动项不服从正态分布，则无法使用小样本 OLS 进行统计推断。为了考察扰动项是否为正态，本书将残差图画成直方图，并与正态分布的密度函数比较。为了克服直方图的不连续性，得到对密度函数的光滑估计，本书使用“核密度估计法”（kernel density estimation），并与正态密度相比较。从图 7.1 可以看出，误差项基本是符合正态分布假设的。对于正态分布的变量来说，符合正态分布的变量的线性函数服从正态分布。正态分布假设是后续研究的基础，对于残差的正态性检验就是对于误差项的正态性假设的检验，本书对于残差进行正态性检验，如果残差不符合正态性检验，就意味着正态性假设不成立。通过图 7.1 可知，残差的分布基本符合正态分布假设。

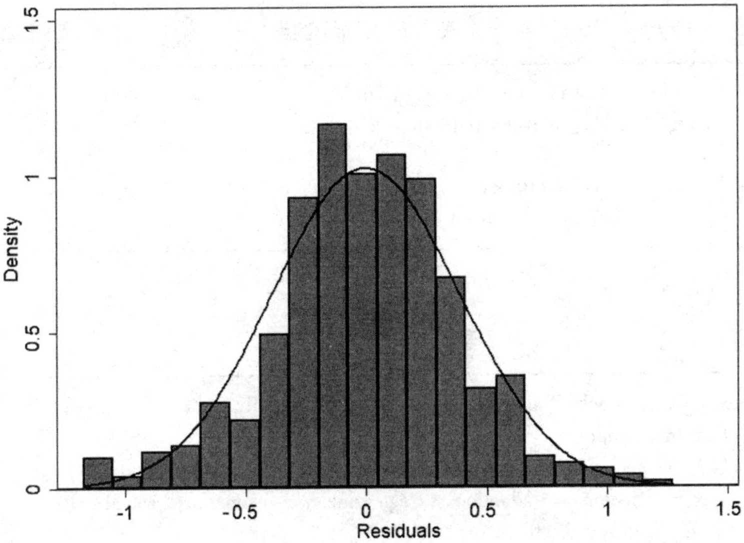

图 7.1 正态分布检验

异方差检验。古典模型假设球型扰动项，异方差是违背球型扰动项假设的一种情形，即扰动项方差 $Var(\varepsilon_i \mid X)$ 依赖于 i 而不是常数 σ^2 异方差存在时，虽然 OLS 的估计依然是无偏的接近正态分布的，但是 $Var(\varepsilon_i \mid X)$ 的表达式不再是 $\sigma^2\ (XX)^{-1}$，T 检验和 F 检验也失效了，高斯—马尔科夫定理不再成立。整体而言，异方差使得 OLS 的效率降低，在 X_i 较大时难以准确估计，因此，本书先对数据异方差进行检验，然后再根据检验结果选择合适的计量方法。本书分别进行了怀特检验以及 BP 检验，异方差检验结果如表 7.5 和表 7.6 所示，怀特检验结果在 1%的显著性水平上拒绝了同方差的原假设，BP 检验的结果在 1%的显著性水平上拒绝了同方差的原假设，就说明变量存在异方差。因此，对于异方差情形估计方法要进一步修正。一种可行的处理方式是仍然使用 OLS 回归，但使用稳健标准误；另一种是采用 WLS 的方法进行分析。因此，本书在对结果使用稳健标准误矫正的同时，还进行了 WLS 分析，对研究结果进行稳健性检验。

表 7.5 怀特检验

White's test for Ho：homoskedasticity against Ha：unrestricted heteroskedasticity chi2（76）= 119.83 Prob>chi2 = 0.0010

表 7.6 BP 检验结果

Breusch-Pagan/Cook-Weisberg test for heteroskedasticity Ho：Constant variance Variables：expectation confirmation system quality Externality demand factor user adoption sex age education income area social class chi2（11）= 27.94 Prob>chi2 = 0.0033

第三节 实证结果与稳健性检验

一、关于用户持续使用行为的影响因素分析

表 7.7 是以用户持续使用为被解释变量，以期望确认度、服务系统质量、需求要素、采纳行为和外部性为主要解释变量、并纳入了年龄、性别、社会阶层等控制变量构建的线性回归模型。模型 3 为通过 OLS 分析出的总模型，模型 4 则是基于 OLS 分析基础上并进行 ROBUST 分析得到的结果，模型 5 是通过 WLS 方法进行稳健性检验的结果，具体回归估计结果见表 7.7。

表 7.7 关于持续使用行为的线性回归模型与稳健性检验

	(1)	(2)	(3)	(4)	(5)
	基准模型	简单模型	总模型	OLS+ROBUST	WLS
性别	0.022		−0.036	−0.036	−0.055
	(0.058)		(0.044)	(0.044)	(0.048)
年龄	0.029		0.020	0.020	0.019
	(0.036)		(0.028)	(0.029)	(0.029)
受教育程度	0.073		0.060	0.060	0.079*
	(0.055)		(0.041)	(0.042)	(0.045)
家庭收入	0.049		−0.007	−0.007	−0.002
	(0.044)		(0.033)	(0.037)	(0.035)
所属地域	−0.044		−0.010	−0.010	−0.037
	(0.037)		(0.028)	(0.029)	(0.030)
社会阶层	0.114***		0.021	0.021	0.025
	(0.041)		(0.031)	(0.033)	(0.033)
期望确认度		0.202***	0.200***	0.200***	0.178***
		(0.040)	(0.040)	(0.043)	(0.041)
服务系统质量		0.090**	0.088**	0.088**	0.118***
		(0.036)	(0.036)	(0.036)	(0.040)
需求要素		0.273***	0.272***	0.272***	0.276***
		(0.054)	(0.054)	(0.063)	(0.054)
采纳行为		0.108***	0.105***	0.105***	0.078***
		(0.023)	(0.023)	(0.026)	(0.024)
外部性		0.201***	0.200***	0.200***	0.166***
		(0.033)	(0.034)	(0.044)	(0.032)
常数项	3.138***	0.505**	0.245	0.245	0.469
	(0.283)	(0.207)	(0.289)	(0.310)	(0.299)
N	414	414	414	414	414

续表

	(1)	(2)	(3)	(4)	(5)
	基准模型	简单模型	总模型	OLS+ROBUST	WLS
F	3.05***	71.18***	32.54***	26.32***	28.97***
Adj. R^2	0.029	0.459	0.457	0.471	0.427
R^2	0.043	0.466	0.471	0.471	0.442

结合表7.7的回归分析结果可以看出，模型整体在1%的水平下通过了显著性检验，基准模型、简单模型与总模型调整后的R^2分别为0.029、0.459、0.457，模型的拟合优度较好，具有一定的解释力。OLS回归稳健标准误与WLS的回归分析结果对主要解释变量的估计基本一致，下面我们分别予以讨论。

（一）主要解释变量对用户持续使用行为的影响

首先，从初始采纳阶段的影响因素来看。分析简单模型与总模型的回归分析结果可以发现，在控制了居民性别、年龄、受教育程度和社会阶层等变量的条件下，需求要素的系数均在1%的显著水平下通过了检验，且系数均为正（$\beta=0.272$，$p<0.01$），说明这些要素对社区网络参与均具有显著正向影响，用户需求要素越强烈，用户持续使用的可能性就越大，假设H2得到了确认。用户需求要素是社区居民的个人不同需求层次和需求偏好要素的集合，回归估计验证了用户需求与用户行为冲动的关系，也就说明消费者的需求曲线规律在社区网络平台提供的准公共服务领域同样适用。

在控制其他变量的条件下，用户初始采纳行为对用户持续使用行的影响在1%的显著性水平下检验为正（$\beta=0.105$，$p<0.01$），用户的实际采纳行为越频繁，持续使用的行为也越频繁。这说明社区治理云平台

给予了用户很好的心流体验，能够对用户产生强烈和持久的吸引力，刺激用户重复使用，假设 H3 得到了验证。较好的心流体验和满意度将会促使用户更加频繁地使用社区治理云平台，认可网络参与路径甚至养成一定的使用习惯。同时，网络平台使用越频繁，用户的熟悉程度、技术接受度和效能感越强，使用体验将随着熟悉度和信任度的提升不断得到提升，继而持续使用行为越多，两者可以产生相互强化的效应。

其次，从用户体验阶段来看。当用户对社区治理云平台的采纳行为完成以后，就进入用户体验阶段，用户使用体验的好坏直接影响着后续是否再持续使用。根据通过模型（3）可以的估计结果可以看到，在控制了其他变量的条件下，用户期望确认度与持续使用行为之间存在正相关关系，并在1%显著性水平下通过了检验（$\beta=0.200$，$p<0.01$），检验结果与假设 H9 的预测相符。

假设 H11 对服务系统质量与用户持续使用行为的关系做出了预测。系统的性能直接影响到用户检索和利用信息过程中的体验和社区治理云平台的使用成效。用户在使用社区治理云平台的过程中会对平台的服务效率、服务质量和系统设计形成一个整体的评价，这个评价是心理期望和实际使用感受之间的落差，本质上是对平台的满意度评价，满意度评价的高低将从对持续使用意向产生影响。模型（3）的回归分析结果中，服务系统质量对持续使用行为的影响在5%的显著性水平下检验为正（$\beta=0.088$，$p<0.05$），说明服务系统质量这个变量在用户体验中对用户的持续使用行为具有显著的激励作用，感知服务系统质量越好，持续使用行为越显著。

关于基于网络外部性的假设为社区治理云平台的外部性与用户行为之间的关系做出了预测。根据模型（3）、模型（4）的结果可以看到，外部性要素与用户持续使用的关系在1%的显著性水平下通过了检验（$\beta=0.200$，$p<0.01$），社区治理云平台的外部性越强，用户持续使用

行为越强，假设 H14 得到确认。网络公共平台自身具有开放性、共享性和融合性等特征和优势，随着移动终端 APP、微博、微信公众号等技术形式的出现，网络平台可以为居民提供更加高效便捷、更智慧化的社区服务，顺应信息社会发展和用户需求，促进社区治理的精准化和人性化。使用用户越多、开放性越强、相容性越强，用户对社区治理云平台就越有信心，越倾向于将社区治理云平台推广给其他用户，外部性与持续使用行为之间存在显著的正相关关系。

（二）稳健性检验方面

为了减少异方差的影响，使结果更加稳健，可以通过“OLS+稳健标准误”的分析方法对回归系数和标准误进行估计，这种情况下并不需要知道条件方差函数的形式，更适用于一般的情形。同时，本书还通过 WLS 的方法进行稳健性检验。广义可行最小二乘法是一种常见的消除异方差的方法，它主要是通过为解释变量加权重的方法使回归方程的方差相同。因此，在 WLS 方法下我们可以得到估计量的无偏和一致估计，并可以对其进行 OLS 下的 T 检验和 F 检验. 对比 OLS、“OLS+稳健标准误”与 WLS 的回归结果可以发现，变量的稳健标准误比普通回归的数值大，但数值之间误差较小，OLS 的回归结果也是可以接受的。为了保证回归结果的准确性，本书依然主要汇报 OLS+稳健标准误的结果。

（三）控制变量方面

需要注意的是，在总模型中，各个控制变量对用户持续使用行为的影响都不显著，且基准模型调整后的 R^2 为 0.029，说明控制变量年龄、收入、社会阶层等要素对持续使用行为的直接影响不明显。只有在 WLS 模型中教育这个变量对持续使用行为的影响在 10%的显著性水平下通过了检验，说明受教育程度与平台使用存在显著正相关关系，社区居民群体的受教育程度越高，社区治理云平台的推广与应用就越容易，比较符合社区网络平台推广的真实状况。

二、关于用户持续使用行为的调节模型分析

从调节模型的分析结果可以看出，从模型 2 到模型 3，模型调整后的 R^2 从 0.412 增长到了 0.417；从模型 4 到模型 5，模型调整后的 R^2 从 0.410 增长到了 0.419；从模型 6 到模型 7，模型调整后从 0.357 增长到了 0.367，增加了交互项以后，模型解释能力是不断增强的。具体的调节效应结果见表 7.8。

表 7.8 关于用户持续使用的调节效应模型

	M1	M2	M3	M4	M5	M6	M7
	基准模型	含调节变量的模型	调节模型 1	含调节变量的模型	调节模型 2	含调节变量的模型	调节模型 3
性别	0.022	−0.049	−0.060	−0.049	−0.049	−0.005	0.002
	(0.058)	(0.046)	(0.046)	(0.046)	(0.045)	(0.048)	(0.047)
年龄	0.029	0.071**	0.068**	0.050*	0.0495*	0.068**	0.058*
	(0.036)	(0.028)	(0.028)	(0.029)	(0.028)	(0.030)	(0.030)
教育	0.073	0.063	0.068	0.068	0.078*	0.072	0.081*
	(0.055)	(0.043)	(0.04)	(0.043)	(0.042)	(0.045)	(0.044)
收入	0.049	0.017	0.008	0.012	0.008	−0.008	−0.015
	(0.044)	(0.034)	(0.034)	(0.034)	(0.034)	(0.036)	(0.036)
地域	−0.044	−0.032	−0.030	−0.029	−0.028	−0.026	−0.022
	(0.037)	(0.029)	(0.0285)	(0.029)	(0.029)	(0.030)	(0.030)
社会阶层	0.114***	0.020	0.024	0.012	0.005	0.013	0.005
	(0.041)	(0.032)	(0.032)	(0.032)	(0.032)	(0.034)	(0.034)
自变量							
需求要素		0.280***	−0.274				
		(0.057)	(0.269)				

续表

	M1	M2	M3	M4	M5	M6	M7
	基准模型	含调节变量的模型	调节模型 1	含调节变量的模型	调节模型 2	含调节变量的模型	调节模型 3
用户采纳				0.116***	−0.264*	0.101***	−0.154
				(0.024)	(0.142)	(0.027)	(0.098)
调节变量							
外在要素						0.382***	0.127
						(0.040)	(0.102)
内在要素		0.532***	−0.075	0.548***	0.212		
		(0.048)	(0.292)	(0.047)	(0.132)		
交互项							
需求×内在要素			0.153**				
			(0.072)				
内在×采纳行为					0.101***		
					(0.037)		
外在×采纳行为							0.074***
							(0.028)
常数项	3.138***	0.289	2.462**	1.015***	2.242***	1.729***	2.588***
	(0.283)	(0.296)	(1.071)	(0.261)	(0.520)	(0.251)	(0.403)
N	414	414	414	414	414	414	414
F	3.05***	37.10***	33.76***	36.92***	34.15***	29.68***	27.61***
$Adj. R^2$	0.029	0.412	0.417	0.410	0.419	0.357	0.367
R^2	0.043	0.423	0.429	0.422	0.432	0.370	0.381

注：(1) 括号内为标准误；(2) ***、**和*分别表示回归变量在1%、5%和10%水平上显著。

（一）调节变量对持续使用行为的影响

从模型2和模型4的回归结果来看，用户内在要素在1%的显著性水平下通过了假设检验，相关系数为正，这说明内在要素与持续使用行为之间存在显著的正相关关系。根据模型6的分析结果可以看出，调节变量与用户持续使用行为也存在显著的正相关关系（$\beta=0.382$，$p<0.01$）。

（二）交互项的调节作用分析

其一，内在要素对用户需求要素与持续使用行为的关系具有显著的调节作用，交互项在系数为正，且在5%的显著性通过了检验（$\beta=0.153$，$p<0.05$），说明调节变量具有正向调节作用，内在要素会增强需求要素与持续使用行为之间的关系，假设H5得到了验证。在模型3中，自变量系数为负，调节变量的系数也为负，且没有通过显著性检验。在模型5中，内在特征要素与用户采纳行为的交互项系数为$\beta=0.101$，$p<0.01$，用户采纳行为的系数在10%的显著性水平为-0.264，调节效应主要看交互项系数的显著性，这就表明用户内在需求要素可以在一定程度上缓解用户采纳行为对社区网络参与的消极影响，且这种调节作用在统计上是显著的，假设H6得到验证。假设H8提出，外在环境要素会增强用户采纳与持续使用行为之间的正向关系，而外在环境要素与用户采纳行为的交互项系数为0.074，且在1%的显著性水平下拒绝该变量系数为0的原假设，也就表明外在环境要素对用户采纳行为的影响具有显著的调节作用，假设H8得到验证。

（三）调节效应检验

为了更直观清晰地展现出调节效应，本书绘制了调节效应图，如图7.3、图7.4、图7.5所示。图7.3是内在特征要素对需求要素影响的调节效应图，可以看到在限制了内在特征要素的条件下，即使需求要素达到很高的水平也难以实现较频繁的持续使用行为，只有在提升需求要素的同时不断提升内在特征要素，用户的持续使用行为才能不断增强，这说明内在特征要素对增强需求要素与持续使用行为的影响具有显著的正向调节作用。同理，图 7.4 内在要素对采纳行为的调节作用图中，也存在着同样的规律，但是，在内在特征要素水平在 3 之前，调节效应不是很显著。图 7.5 展示的是外在环境对采纳行为的调节效应，也同样存在正向调节作用，但是需求注意的是当外在环境要素的水平小于 2 时，外在环境要素的调节效应不显著，甚至产生负向的调节作用，这说明当社区治理云平台的建设和推广较差时不仅不会产生扩散，还会进一步削弱已经使用平台的用户的积极性。

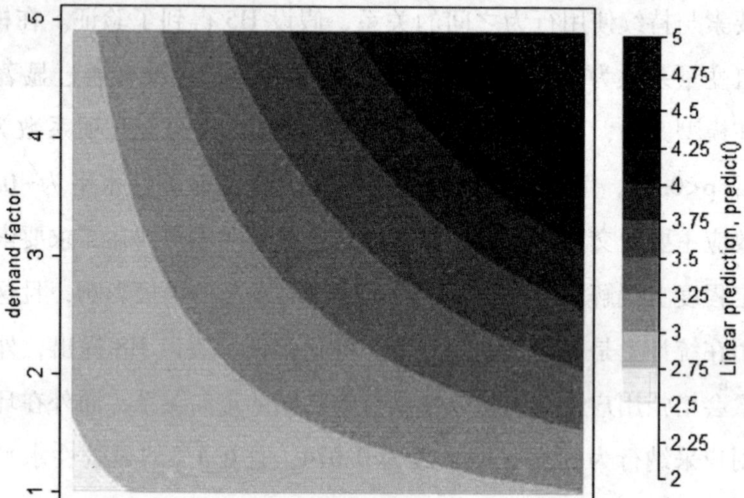

图 7.3　内在特征要素对需求因素与持续使用行为关系的调节效应

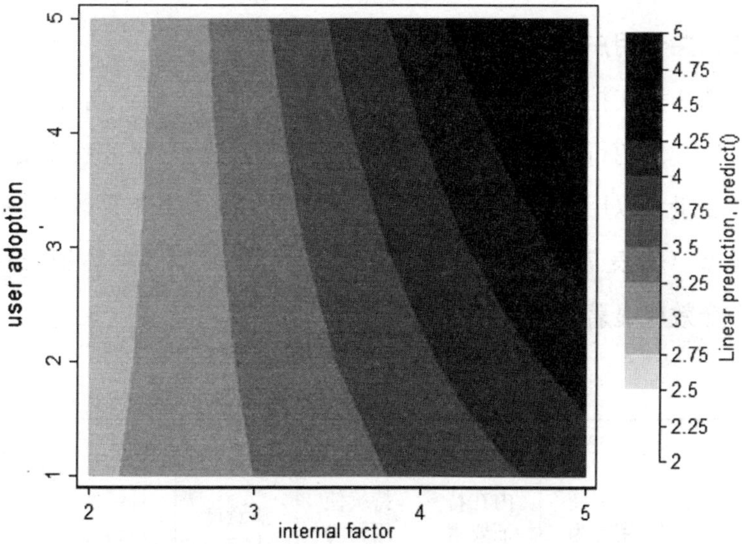

图 7.4 内在特征要素对采纳行为与持续使用行为关系的调节效应

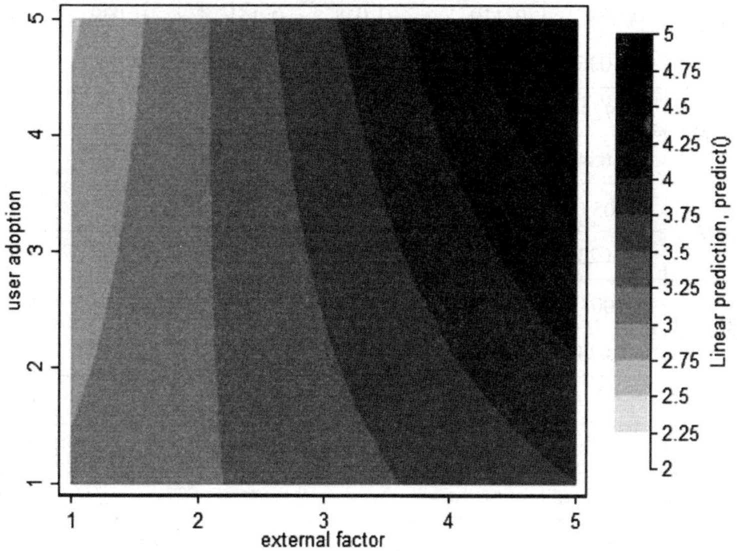

图 7.5 外在环境要素对采纳行为与持续使用行为关系的调节效应

三、关于用户持续使用行为的中介模型分析

表7.9是在控制了性别、年龄、受教育程度、收入等要素的情况下，以持续使用行为为被解释变量，以期望确认度与服务系统质量为主要解释变量，以用户满意度与用户内在特征要素为中介变量构建的中介效应模型。如表7.9模型（6）所示，该中介模型的整体拟合优度较好，中介效应显著，基本符合理论预期。

表7.9 关于持续使用行为的中介效应模型

	（1）	（2）	（3）	（4）	（5）	（6）
	持续使用行为	内在特征要素	持续使用行为	满意度	持续使用行为	持续使用行为
期望确认度	0.200***	0.134***	0.155***	0.325***	0.093**	0.064
	(0.040)	(0.038)	(0.039)	(0.033)	(0.043)	(0.041)
服务系统质量	0.088**	0.119***	0.048	0.151***	0.039	0.007
	(0.036)	(0.034)	(0.035)	(0.030)	(0.036)	(0.034)
需求要素	0.272***	0.345***	0.157***	0.174***	0.215***	0.115**
	(0.054)	(0.051)	(0.054)	(0.045)	(0.053)	(0.053)
用户采纳	0.105***	0.110***	0.069***	0.028	0.096***	0.064***
	(0.023)	(0.022)	(0.023)	(0.020)	(0.023)	(0.022)
外部性	0.200***	0.066**	0.178***	0.137***	0.155***	0.140***
	(0.034)	(0.032)	(0.032)	(0.028)	(0.033)	(0.032)
内在特征要素			0.335***			0.308***
			(0.050)			(0.049)
满意度					0.330***	0.294***
					(0.057)	(0.055)
性别	-0.036	0.083**	-0.064	-0.051	-0.0120	-0.047
	(0.044)	(0.042)	(0.042)	(0.037)	(0.042)	(0.041)

续表

	(1)	(2)	(3)	(4)	(5)	(6)
	持续使用行为	内在特征要素	持续使用行为	满意度	持续使用行为	持续使用行为
年龄	0.020	-0.069***	0.043	0.010	0.016	0.038
	(0.028)	(0.026)	(0.026)	(0.023)	(0.026)	(0.026)
受教育程度	0.060	-0.002	0.060	-0.002	0.061	0.061
	(0.041)	(0.039)	(0.039)	(0.034)	(0.040)	(0.038)
收入水平	-0.007	-0.004	-0.006	0.044	-0.021	-0.019
	(0.033)	(0.031)	(0.031)	(0.028)	(0.032)	(0.031)
所属地域	-0.010	0.028	-0.020	-0.032	0.000	-0.009
	(0.028)	(0.026)	(0.026)	(0.023)	(0.027)	(0.026)
社会阶层	0.021	0.062**	0.000	0.026	0.012	-0.006
	(0.031)	(0.029)	(0.030)	(0.026)	(0.030)	(0.029)
常数项	0.245	0.730***	0.001	0.761***	-0.006	-0.203
	(0.289)	(0.273)	(0.277)	(0.242)	(0.282)	(0.271)
N	414	414	414	414	414	414
F	32.54***	31.88***	36.76***	47.09***	34.95***	38.44***
Adj. R^2	0.457	0.451	0.510	0.551	0.497	0.542
R^2	0.471	0.466	0.524	0.563	0.511	0.555

注：(1) 括号内为标准误；(2) ***、**和*分别表示回归变量在1%、5%和10%水平上显著。

假设H9假设了期望确认程度能够正向影响用户持续使用行为，如表7.9中模型（1）所示，期望确认程度对持续使用行为的影响在1%的显著性水平上检验为正（β=0.200，p<0.01），假设H9得到数据的支持。假设H10假设了用户满意度对期望确认程度对用户持续使用行为的影响具有中介作用。如模型（4）所示，用户期望确认度与用户满

意度在1%的水平下显著为正（$\beta=0.325$，$p<0.01$），模型（5）中用户满意度与持续使用行为之间显著正相关（$\beta=0.330$，$p<0.01$）。同时，在加入了用户满意度变量的条件下，用户期望确认度与持续使用行为的作用系数与显著性都降低（$\beta=0.093$，$p<0.05$），说明用户满意度在用户期望确认度与持续使用行为之间存在部分中介作用。

假设H13提出用户内在特征要素在服务系统质量对用户持续使用行为具有中介作用，模型（1）中可以看到服务系统质量与用户持续使用行为存在显著的正相关关系；模型（2）中，服务系统质量与内在特征要素存在显著的正相关关系（$\beta=0.119$，$p<0.01$）；模型（3）中，将服务系统质量与内在特征要素同时加入模型中，服务系统质量与用户持续使用行为相关关系没有通过显著性检验，内在特征要素与用户持续使用行为显示为显著正相关关系（$\beta=0.335$，$p<0.01$），内在特征要素在服务系统质量对用户持续使用行为的影响起到了完全中介作用。

假设H12提出用户满意度对服务系统质量与持续使用行为之间具有中介作用，在中介模型的检验结果中，分析模型（4）中服务系统质量对用户满意具有显著的正向相关关系（$\beta=0.151$，$p<0.01$）。在模型（5）中，将服务系统质量与用户满意度同时加入模型中进行估计，回归结果显示服务系统质量与用户持续使用行为相关关系没有通过显著性检验，用户满意度与持续使用行为之间的相关关系在1%的显著性水平下通过了检验（$\beta=0.330$，$p<0.01$）。因此，可以证明用户满意度在服务系统质量对用户持续使用行为的影响起到了完全中介作用，假设H12得到了确认。但是，需要注意的是，在模型（6）中，当把服务系统质量、用户满意度与内在特征要素三个变量同时加入模型进行回归估计时，可以发现用户满意度与持续使用行为、内在特征要素与持续使用行为均通过了显著性检验，服务系统质量与持续使用行为之间的关系变得完全不显著，这说明内在特征要素与用户满意度在服务系统质量对持续

使用行为的影响具有共同中介的作用。

为了进一步验证中介效应的稳健性，接下来本书还将通过PROCESS插件，利用Bootstrap的分析方法对几组中介效应模型进行稳健性检验。在样本量为5000，置信区间为95%的情况下，如果中介检验的结果中没有包含0就表明员工建言的中介作用显著。在检验用户满意度对用户期望度对于持续使用行为影响的中介效应中，中介效应检验的效果没有包含0（LLCI=0.086，ULCT=0.195），表明用户满意度的中介作用显著，且中介效应的大小为0.140，直接效应的检验结果也没有包含0（LLCI=0.028，ULCT=0.187），检验结果为0.107，确认了用户满意度对用户期望度对持续使用行为影响的部分中介效应（见模型1）。同理，也可以验证用户内在特征要素对服务系统质量影响用户持续使用行为的完全中介作用，用户满意度对服务系统质量影响用户持续使用行为的完全中介作用，以及将内在特征要素与用户满意度共同加入时的共同中介效应，详细信息见下模型2、模型3与模型4。

模型1：以用户满意度为中介变量的总效用、直接作用与间接作用汇总

Total effect of X on Y						
	Effect	se	t	p	LLCI	ULCI
	0.247	0.035	6.994	0.000	0.178	0.316
Direct effect of X on Y						
	Effect	se	t	p	LLCI	ULCI
	0.107	0.041	2.644	0.009	0.028	0.187
Indirect effect (s) of X on Y:						
	Effect	BootSE	BootLLCI	BootULCI		
satisfaction	0.140	0.028	0.086	0.195		

注：被解释变量Y为持续使用行为；解释变量X为期望确认度；中介变量M为用户满意度；协变量为：性别、年龄、受教育程度、收入水平、所属区域、社会阶层、用户采纳行为、外部性、需求要素。

模型 2：以用户满意度为中介变量的总效用、直接作用与间接作用汇总

Total effect of X on Y						
	Effect	se	t	p	LLCI	ULCI
	0.088	0.036	2.467	0.014	0.018	0.159
Direct effect of X on Y						
	Effect	se	t	p	LLCI	ULCI
	0.039	0.035	1.087	0.278	−0.031	0.108
Indirect effect（s）of X on Y：						
	Effect	BootSE	BootLLCI	BootULCI		
satisfaction	0.050	0.015	0.023	0.082		

注：被解释变量 Y 为持续使用行为；解释变量 X 为服务系统质量；中介变量 M 为用户满意度；协变量为：性别、年龄、受教育程度、收入水平、所属区域、社会阶层、用户采纳行为、外部性、需求要素、期望确认度。

模型 3：以内在特征要素为中介变量的总效用、直接作用与间接作用汇总表

Total effect of X on Y						
	Effect	se	t	p	LLCI	ULCI
	0.088	0.036	2.467	0.014	0.018	0.159
Direct effect of X on Y						
	Effect	se	t	p	LLCI	ULCI
	0.048	0.035	1.401	0.162	−0.020	0.116
Indirect effect（s）of X on Y：						
	Effect	BootSE	BootLLCI	BootULCI		
Internal	factor 0.040	0.013	0.017	0.068		

注：被解释变量 Y 为持续使用行为；解释变量 X 为服务系统质量；中介变量 M 为内在特征要素；协变量为：性别、年龄、受教育程度、收入水平、所属区域、社会阶层、用户采纳行为、外部性、需求要素、期望确认。

模型 4：以用户满意度与内在特征要素为共同中介的总效用、直接作用与间接作用汇总

Total effect of X on Y					
	Effect	se	t	p	LLCI	ULCI
	0.088	0.036	2.467	0.014	0.018	0.159
Direct effect of X on Y						
	Effect	se	t	p	LLCI	ULCI
	0.007	0.034	0.214	0.831	-0.060	0.075
Indirect effect (s) of X on Y:						
	Effect	BootSE	BootLLCI	BootULCI		
TOTAL	0.081	0.018	0.048	0.117		
satisfaction	0.044	0.014	0.019	0.073		
internal factor	0.037	0.012	0.015	0.062		
(C1)	0.008	0.019	-0.030	0.047		
Specific indirect effect contrast definition (s):						
(C1)	satisfaction	minus	internal			

本章利用线上收集的数据对第六章提出的理论模型与相关研究假设进程验证，基于社区治理云平台用户持续使用模型构建了影响因素回归模型并对回归估计结果进行了稳健性检验。根据相关假设，验证了社区居民需求要素、初始采纳行为、期望确认度、服务系统质量与外部性等要素对用户持续使用行为的影响。同时，还构建起关于内在特征要素与外在环境要素的调节模型，探讨内在特征要素与外在环境要素对需求要素、采纳行为的调节作用；并进一步构建起基于用户满意度与内在特征要素的中介模型，探讨用户满意度与内在特征要素对用户服务系统质量与期望确认度的中介作用。

研究结论如下：（1）用户需求与持续行为之间显著正相关，并且用户需求与持续使用行为之间的相关关系受到用户内在特征要素的调节作用。(2) 用户初始采纳行为与持续使用行为之间存在显著正相关关系，用户内在特征要素与外在环境要素对初始采纳行为对于持续使用行为的影响具有调节作用。(3) 用户期望确认度正向影响用户持续使用行为的选择，同时，用户满意度对用户期望度与持续使用行为的关系具有部分中介的作用。(4) 服务系统质量受到内在特征要素与用户满意度的双重中介作用。(5) 社区治理云平台的网络外部性越强，用户持续使用行为越频繁，具体检验结果见表 7.10。本书的理论贡献主要体现在以下两方面：一方面，厘清了诸多要素与用户持续使用行为的关系；另一方面，探讨了用户内在特征要素与外在环境要素对持续使用行为的影响机制。现有研究大多是采用结构方程的形式探讨用户要素、外在要素、满意度、外部性等要素对用户使用行为的影响，但是具体的影响路径和作用机制并没有得到明确的结论，本书通过线性回归模型、调节模型与中介模型明确了诸多要素对持续使用行为的影响以及影响机制。

表 7.10 研究假设与检验结果汇总

相关假设	是否通过检验
H1：用户需求要素与用户的采纳行为存在显著相关关系	通过
H2：用户需求越大，持续使用意愿越强	通过
H3：用户初始采纳行为越频繁，持续使用意愿越强	通过
H4：用户内在特征要素与用户采纳行为存在相关关系	通过
H5：用户内在特征要素对用户需求与持续使用的关系具有调节作用	正向调节
H6：用户内在特征要素对用户采纳与持续使用的关系具有调节作用	正向调节
H7：外在环境要素与用户采纳行为存在相关关系	通过
H8：外在环境要素对用户采纳与持续使用的关系具有调节作用	正向调节

续表

相关假设	是否通过检验
H9：期望确认程度越高，用户持续使用行为越强	通过
H10：用户满意度对期望确认程度对于用户持续使用行为的影响具有中介作用	部分中介
H11：服务系统质量越高，用户持续使用行为越频繁	通过
H12：用户满意度对服务系统质量对于用户持续使用行为的影响具有中介作用	完全中介
H13：内在特征要素对服务系统质量对于用户持续使用行为的影响具有中介作用	完全中介
H14：外部性越强，用户持续使用行为越频繁	通过

由于研究背景的限制，本研究存在以下两方面的局限性：（1）本书主要采用横截面的研究设计，所有研究变量均在同一时间点收集，难以推断出变量之间的因果关系。采用横截面的研究设计有可能产生共同方法偏差，共同方法偏差可能会影响本书研究结论的可靠性。以后的研究中会尽量采取实验或者纵向的研究设计，在多个时间点收集数据，以进一步降低可能存在的共同方法偏差，提升调研数据的说服力。（2）本研究中的用户使用意愿由用户在线根据其主观感知进行评价。虽然在反映用户态度、心理与意向方面具有价值，但其真实性和准确性尚待进一步验证。未来研究可以辅以深度访谈、开放式回答的方式，更加真实和准确地反映居民意愿。

第八章

研究结论与研究展望

社区信息化建设在全国的快速发展吸引了越来越多专家学者的关注，社区治理云平台的功能设计、平台建设与用户推广也逐渐成为学界研究的热点问题，并随着相关研究的积累逐渐发展为一个整合行政管理、政治学、社会学、管理学与信息技术的多学科研究领域。从我国社区信息化建设的实践来看，目前社区治理云平台迫切需要破解平台构建过程中的利用效率低、系统设计不合理等问题，从宏观布局和微观设计方面明确方向和任务。本书关于社区治理云平台的价值研究可以明确平台在社区发展中的策略定位，关于社区治理云平台的用户需求与用户行为研究不仅有助于促进相关理论的发展，还能为实践中社区治理云平台的优化升级提供借鉴和指导。

第一节　研究结论

本书研究的核心问题有三个：一是社区治理云平台的应用是否真实地提升了社区公共参与，改善社区治理；二是社区居民的需求是什么，会对社区网络参与产生怎样的影响；三是如何提升居民对社区治理云平台的采纳与持续使用行为。针对第一个问题，本书首先从当下社区治理的难题及其生成机理出发，基于公共空间、共同体构建与公共参与等相关理论，对社区治理云平台在化解社区治理难题中的价值与作用机制进行理论探讨。其次，本书从社区公共领域构建的视角对居民网络平台的使用与社区公共领域的关系进行探讨，并以公民意识为传导，分析互联网的使用对社区参与渠道和居民互惠行为的影响，从实证的角度论证了互联网在社区治理中的真实影响。针对第二个问题，本书先对社区居民的需求与价值观进行理论研究并提出研究假设，然后通过 FWLS 的方法对假设进行回归分析和验证，在系统分析居民需求对社区公共网络参与的影响以及居民价值观的中介作用后，对社区治理云平台的设计提出一些建议。关于社区治理云平台用户采纳与持续使用，本书基于相关的理论研究构建起了社区治理云平台的用户持续使用模型，提出相关假设，并通过相关分析、线性回归分析、中介模型分析与调节模型分析的方式对影响要素的作用与作用路径进行探讨。基于三个核心问题的研究，本书主要得出如下结论。

第一，社区治理云平台在破解社区治理难题中发挥着重要的作用。社区治理云平台的发展为社区居民从“独自打保龄球”走向公共空间提供了平台和助力。各类社区网络参与渠道融合所提供的公共论坛成为一种重要的公共参与方式，打破了空间、时间的限制为居民创造了一个可以自由交流的公共领域，为公共精神的塑造和共同体意识的培养提供了条件，是基层社区实现现代化治理的新形式。社区治理云平台还提升了社区治理的智能化、精准化。通过智能化服务平台为居民提供了便捷的服务。同时，基于网上推送和居民反馈日益积累起来的数据信息逐渐积累成社区“大数据”，利用网络平台集结的大数据进行分析，可以准确判断社区公共生活动态、居民需求与居民偏好，有效监督和把握基层网络舆情，加快提升社区治理的精准化和现代化。从总体上看，在社区公共领域中的开发与应用推动了社区公共领域发展和公共精神的觉醒，“互联网+社区治理”视域下的智慧社区生态圈逐渐形成。

第二，互联网在社区治理中的影响分析。本书通过分析 CGSS 2015 的居民政治态度调查数据，采用相关分析、回归分析等方面验证了互联网的使用对社区公共领域构建具有显著的促进作用，对居民公共意识和社会网络参与具有显著的提升。但是，互联网本身也能够产生一些与预期不符的影响，那就是居民上网频率与居民的规范化参与渠道的使用具有显著的负相关关系，互联网的使用促进了居民平等、权利、自由、民主等意识的提升，但是在当下的社区治理状态下，公民意识的提升也导致居民的社区信任、社区认同和线下规范化渠道的使用降低，网络平台的使用挤压了实体参与渠道。这是网络本身的匿名性和开放性决定的，居民采用匿名的形式在虚拟空间进行交往，现实社区生活中的陌生感只会越来越强，这也是网络本身带来的负面影响。整体来看，本研究验证了互联网的使用对社区公共领域构建的积极作用，以及互联网的使用对社区治理产生的负面影响。需要对互联网的使用对于社区治理的影响持客观理性的态度：一方面积极利用互联网的技术红利与信息资源，为社区公共参与和公共领域的构建提供助力；另一方面，要持谨慎的态度，防止网络推广产生的负面影响，加剧邻里间的不信任以及公共参与的无序化，防止网络的无序化思潮蔓延到现实社会。

第三，社区治理云平台的用户需求对社区网络参与的影响研究。通过相关分析与回归结果可以看出，我国城市社区网络参与受到匮乏性需求、关系需求与自我实现需求的多重影响，这与我国社会转型期多种价值观与需求层次叠加的社会结构相符。基于对相关假设的验证可得出如下结论：匮乏性需求、关系需求与自我实现需求三个需求层次之间是紧密联系的，且这种结构不是固定的，三种需求可以同时起作用。不同层次价值观群体需求层次差异显著。物质主义价值观较重的居民群体，匮乏性层面需求较强烈，对邻里关系培养与实现自我价值的需求意愿较弱。相反，那些后物质主义价值观浓厚的居民群体，匮乏性需求偏好较弱，对居民关系培养、实现自我价值、建设更人性化的社区需求具有更强烈的意愿，也符合后物质主义价值观理论的预期。随着居民需求增加，社区网络参与更加频繁，但是不同需求层次对社区网络参与的影响差异不明显。这与信息社会网上办公，线上线下的业务衔接整合密不可分。不管是业务性服务、公共事务和公共参与都越来越集中到社区治理云平台，其综合性与服务模块延展吸纳了来自各个需求层次的居民群体，居民需求越旺盛，公共网络参与越积极，价值观的调节作用明显。虽然调节变量对社区网络参与的直接作用不显著，但是物质主义价值观与后物质主义价值观对不同需求群体的社区网络参与的调节作用显著。从物质主义价值观的调节作用来看，居民的物质主义价值观过强，反而会削弱自我实现需求对社区网络参与的影响。从后物质主义价值观来看，居民的后物质主义价值观较强会降低匮乏性需求对社区网络参与影响，虽然存在部分交互项的调整作用不显著，但是调整方向基本符合预期。

第四，社区治理云平台的持续使用受到用户需求、用户期望确认度、服务系统质量、外在环境要素、网络外部性、用户满意度等多重要素的影响。本书的主要研究成果在于厘清了诸多要素与用户持续使用的关系，并探讨了用户内在特征要素与外在环境要素对持续使用行为的影响机制。另一个贡献是明确了用户满意度对持续使用行为的作用机制。本书通过整合 ECM-IS 模型与 D&M IS 模型构建了社区治理云平台用户持续使用模型，并将用户需求要素、外部性、内在特征要素等变量纳入模型分析，提升了模型的解释力与全面性。通过回归模型分析和研究假设检验得出如下结论：（1）用户需求与持续行为之间显著正相关，需求越高的人对于社区治理云平台的使用越频繁，并且用户自身的技术接受度、参与意愿等内在特征要素对用户需求与持续使用行为之间的关系具有显著的正向调节作用。（2）用户初始采纳行为与持续使用行为之间存在显著正相关关系，居民对网络平台的接受度和使用频率越高，未来持续使用的意愿也越强，并且两者关系受用户内在特征要素和外在环境要素的双重调节。（3）用户期望确认度正向影响用户持续使用行为的选择，同时，用户满意度在用户期望确认度与持续使用行为之间的中介作用明显。（4）服务系统质量受到内在特征要素与用户满意度的双重中介作用。（5）社区治理云平台的网络外部性越强，用户持续使用行为越频繁。

第二节　对实践的启示与建议

社区治理云平台为社区居民参与社会治理提供了更加开放、自由和便捷的通道，客观上造成了社会治理向网络空间的延伸。利用网络平台的特点与优势助力社区公共领域构建，需要从多个层面做出努力。从宏观层面来看，政府应从社会结构与社会关系变革的高度对社区治理云平台进行顶层设计，立足于社区治理的现实需求推进社区公共空间的构建，并基于公共空间培育起良性互动的政社关系。从微观层面来看，社区公共领域的建设需要从平台建设、虚实交互、服务理念转变与智慧化设计等方面多管齐下，提升平台的利用率与用户满意度。

第一，强化推广：降低技术门槛，优化外部环境，增大宣传推广力度。便利性、开放性、低技术门槛与高度自由是互联网的整体优势，通过社区治理云平台，任何居民都能够获取和发布网络信息。在信息社会中网络的迅速发展对扩大公众参与、弥合社会断裂起到了积极作用，但也造成了时空、技术、结构、价值观等层面新的社会断裂，并对城市社区网格化治理形成冲击。[①] 公共信息平台本身就是通过网络平台公共舆论的力量来表达各类群体尤其是弱势群体的诉求，如果互联网的技术偏差将中老年群体和技术弱势群体边缘化，社区公共领域的治理效应将大打折扣。因此，未来社区治理云平台的发展需要在如下三个层面做出努力：一是保障技术弱势群体的利益和话语权，避免媒体融合过程中出现的“用户”偏差，让信息得到充分的流动，改变公共领域中旁观者的地位。二是完善社区的基础设施建设和信息技术传播环境，降低社区公共服务平台的技术门槛，提升老年群体和弱势群体对社区治理云平台的熟悉度和使用率。三是积极进行宣传和推广。相关实证研究表明，社区治理云平台的宣传推广度、用户熟悉度与平台易用性对用户的持续使用行为具有积极的影响。因此，未来社区信息平台推广的首要任务就是强化宣传与推广，降低平台技术门槛的同时鼓励越来越多的居民了解和尝试使用，营造积极的社区网络参与氛围。

第二，平台支撑：优化线上服务系统设计，提升线上服务质量。根据实证分析结果可以发现，社区治理云平台的系统质量、服务质量与信息质量将直接影响用户的持续使用。未来社区治理云平台的建设要将技术建设和内容建设摆在同等重要的位置，推动线下服务中心和线上服务平台在内容、渠道、业务对接等方面深度融合，打造开放性强、技术门槛低、服务模块全、信息质量高的公共服务平台，为社区居民公共参与提供载体。基于信息系统的现代社区服务体系建设，将数字化、互动性、实时性的网络技术优势与社区服务中心相互融合，形成文字、图片、音频、视频等多功能服务体系。同时，不同类别的社区治理云平台建设也要内容互融、优势互补，打造实时联动的线上服务体系。一方面要完善系统设计，推动多种服务系统的功能互补，构建资源共享、信息

① 马长山．智慧社会的基层网格治理法治化［J］．清华法学，2019，13（3）：18-27.

互通的信息服务体系，完善平台的信息检索、议题发起与实时联动功能，以现代化服务系统为支撑推进社区传统服务方式向智慧服务方式转型。另一方面，优化信息质量与服务质量。结合社区服务思路，社区线上服务系统应重构大众服务导向的发展思路，积极开发社区服务、物业管理、社区政策等贴近基层生活的议题，提升信息更新与反馈时效，整合基层信息网络资源，通过反映社区民意与舆情形成一站式的网络服务平台，提高社区治理的整体水平。

第三，虚实交互：推进虚拟空间和真实社区线上线下的融合。社区治理云平台的外部性对社区居民的持续使用具有显著提升作用，网络表决、电子公示、网络征集意见、微信群组讨论、大数据、智慧社区等隐藏着基层社会治理创新的巨大能量，社区公共领域的构建需要借助社区治理云平台的优势不断克服治理中的体制和观念局限。针对真实社会与虚拟空间存在着不同程度的断裂现象，未来社区治理云平台的完善需要多管齐下、虚实结合、共同推进。首先，线上虚拟平台信息发布的真实性审查与规范性建设。线上公共领域的建构，能够及时向居民传播信息、收集居民意见、提升社区参与的实时性和网络化。但是，网络空间居民价值观与能力的差异化、需求的多元化与利益的碎片化对社区治理提出了新挑战，对待网络空间的用户、信息和诉求要仔细判断、甄选，开发与设计网络审查与网上投票系统，提升网络参与的规范性，完善网络空间治理的制度体系与规范化建设。其次，线上线下平台的衔接与配合。与线上互动同样重要的是构建线上线下相互衔接的治理机制，依托信息平台与互联网技术搭建“政府+业主组织+物业公司+第三方组织”的协商沟通平台，构建多中心与多元共治的社区关系格局。同时，线上线下的融合需要基层政府与社区自治力量的配合，提升议程设定、舆情回应与社会资源配置的效率，将虚拟空间的及时性与线下平台的落实能力结合，基于社区公共领域和社区共同体的构建提升社区的整体动员能力。

第四，理念革新：以用户需求为导向的社区网络平台建设，引导居民持续使用。研究表明，居民自身特征要素与居民需求要素对社区网络参与和公共信息平台的持续使用行为均具有显著的促进作用。未来社区治理云平台的建设与推广应以用户需求和优化服务为中心，通过网络平台在社区干部、基层政务部门、社区社会组织与居民之间供搭起平等的、紧密的网络沟通平台，把握受众的偏好与需求为目标，以双向互动取代单向攫取大众的注意力，通过自身的传播优势与公信力优势吸纳和整合更多社区居民进入社区线上服务系统。“以用户为中心”的社区治理云平台建设应以技术作为支撑，以互联网络为平台，为社区居民提供更精准、更接地气的服务。在实践中，在智慧城市、智慧社区的政策推进下，社区干部应深入群众、广泛调研，收集居民的偏好与诉求，凭借社区治理云平台在线获取基本信息，与居民实时互动；同时基于社区居民技术接受度、参与诉求、信息服务需求等信息进行智慧服务设计，创新公共信息平台的服务模块，提升服务的智慧化与精准化，对整体的居民群体与需求层次做出精准分析，打造具有针对性的贴心服务项目。

第五，智慧服务：提升服务精准性和用户获得感。居民在使用平台前就已经具备了一定的行为目标或服务预期，居民的使用体验受到期望确认水平的显著影响，社区治理云平台服务的精准性应立足于居民的期望确认程度与使用满意度方面。利用公共信息平台提升社区治理的智能化。首先，技术支撑方面。社区服务平台的建设要顺应目前网络传播的移动化、实时化与泛社会化趋势，开发实时更新的移动客户端、官方网站、手机 APP 等新形式，运用云服务、云计算与大数据等新技术进行精准分析，以技术创新引领服务载体的融合与转型升级。其次，内容整合方面。在丰富受众个体数据的基础上，构建基层大数据服务中心，打造大众媒体的大数据服务平台，以准确把握受众的行为特征、偏好与需求等。最后，智慧服务方面。要根据数据分析的社区居民的需求，设计针对性的、对居民有吸引力的服务项目。

未来社区媒体的发展方向是智慧的、有感知能力的，并能提供差异化、多层次、小众化的信息服务。基于社区数据库充分利用大数据技术进行需求挖掘，以居民需求为中心，提升媒介服务的智能化与精准化。数据库积累的数据量越大，智能化程度越高，收集的基层信息越多，就越能够提供贴心的服务。现在的普通互联网将发展成智慧互联网，建立在智慧互联网之上的媒体，服务越来越智能化。以上海市黄浦瑞金社区大数据平台为例，黄浦瑞金通过公众微信号、社区 APP 等移动终端服务构建了虚拟式、一站式、全天候服务的社区服务平台，突破传统的时间、空间限制，公开服务事项，精简业务流程。现实中也有越来越多的社区建有官方网站、BBS 论坛、QQ 群、微信群、移动客户端等多渠道服务信息供给与沟通互动方式，打造网络化社区服务格局。社区居民若遇到“急难愁”问题，亦可通过网络平台特别是移动平台寻找帮助，社区、街道等相关人员随时随地解决居民困扰，实现政府部门和社区组织与居民的“无缝隙”对接；对各部门而言，“互联网+”促成了部门纵向管理的扁平化与横向业务协同的便捷性。同时，网络信息技术推动下的现代化社区服务更加精细化，决策更加智慧化，能够充分运用“大数据”技术挖掘潜在隐患，追踪问题趋向，防范社会风险。

第三节　研究展望

一、相关案例与创新模式分析

本书对社区治理云平台的价值、用户需求与用户使用行为等方面进行了研究。但是，这些研究结论大多是基于文献资料、调研数据和模型分析得出的，具体的应用效果和平台完善路径还需要结合实践进行不断探索，社区治理理论的研究归根结底是要适用并指导实践。因此，在未来的研究中，本书希望可以通过分析不同城市不同背景的智慧社区项目与社区治理云平台建设，进行案例整合、路径对比分析，总结社区治理云平台构建的经验与教训，为全国范围内社区治理云平台的建设提供借鉴。

二、“互联网+社区治理”的负面影响预警

目前关于“互联网+”在社区治理的应用研究大多是宏观的和积极的。总体来看，社区治理云平台是新型网络技术在社区治理中的开发与应用，是社区公共服务供给和居民公共参与的升级。但是，应该正视互联网的使用可能产生的一些负面影响。正如本书第三章的研究发现，互联网在促进公民意识与现代化参与的同时也造成了规范化参与减少、社区信任和社区互动减少等负面影响。因此，未来的研究中，本书希望可以加强对社区治理云平台的负面影响以及可能存在的风险进行研究。此外，社区网络服务平台和公共空间的构建也可能遇到一些难题，例如，网络空间的寡头统治铁律与公共能量场中的能量失衡，网络能量失衡可能导致多数人对话的正义性消失，技术逻辑与价值逻辑的冲突，关系构建的困境与技术困境，网络暴力可能会妨碍正常社会秩序，等等。正如凯斯·桑斯坦所言：“网络社会的群体极化往往表现为网上异常激烈的相互争论，并最终导致政治倾向的严重分化，这样的分化有可能扩散到现实生活中来，引起某些过激行为的发生，影响社会稳定和国家安宁。”①

① 桑斯坦．网络共和国：网络社会中的民主问题［M］．黄维明，译．上海：上海人民出版社，2003：89-107.

接下来的研究，需要对社区网络平台的相关难题及其形成机理进行剖析。虽然社区治理云平台发展的整体形势较好，但也需要提前做出风险分析与预警，对网络平台本身的风险和缺陷进行研究，为基层信息惠民工程的有序推进保驾护航。

参考文献

一、中文文献

（一）译著

[1] 亨廷顿，纳尔逊．难以抉择：发展中国家的政治参与［M］．汪晓寿，吴志华，项继权，译．北京：华夏出版社，1989.

（二）期刊

[1] 龙怡，李国秋．信息惠民政策下的政府信息生态链研究：基于 G2C 电子政务中信息共享需求分析［J］．电子政务，2017（2）.

[2] 朱旭峰，黄珊．电子政务、市民特征与用户信息行为：基于天津市市民调查的实证研究［J］．公共管理学报，2008（4）.

[3] 大庆，李俊超，黄丽华．“3Q”大战背景下的软件持续使用研究：基于修订的“期望-确认”模型［J］．中国管理科学，2014，22（9）.

[4] 李君君，顾东晓，曹园园．基于体验过程的用户行为模型及实证研究［J］．情报科学，2019，37（4）.

[5] 刘渊，魏芳芳，邓红军．用户使用视角的政府门户网站效用及影响因素研究［J］．管理工程学报，2009，23（4）.

[6] 汤志伟，郭雨晖，翟元甫．社会-技术框架下的政务服务在线

办理能力探究：基于334个地级行政区的数据分析［J］. 中国行政管理，2019（1）.

［7］陈瑞，郑毓煌，刘文静. 中介效应分析：原理、程序、Bootstrap方法及其应用［J］. 营销科学学报，2013，9（4）.

［8］温忠麟，叶宝娟. 有调节的中介模型检验方法：竞争还是替补？［J］. 心理学报，2014，46（5）.

［9］方杰，张敏强，邱皓政. 中介效应的检验方法和效果量测量：回顾与展望［J］. 心理发展与教育，2012，28（1）.

［10］叶宝娟，温忠麟. 有中介的调节模型检验方法：甄别和整合［J］. 心理学报，2013，45（9）.

［11］艾明江. 共同民主治理：互联网社区治理分析——以新浪微博社区为例［J］. 电子政务，2014（8）.

［12］周嘉文. 城市居民政治参与影响因素研究：社会地位、政治面貌、宗教信仰——基于CGSS2015数据实证分析［J］. 宜春学院学报，2019，41（7）.

［13］胡晓芳. 公共性再生产：社区共同体困境的消解策略研究［J］. 南京社会科学，2017（12）.

［14］舒晓虎. 社区公地及其治理［J］. 社会主义研究，2017（1）.

［15］陈保中，韩前广. 互联网时代公众参与公共政策过程的逻辑进路［J］. 上海行政学院学报，2018，19（3）.

［16］国家信息中心网络政府研究中心课题组，于施洋，张勇进. 中国政府网站发展数据报告（2013）［J］. 电子政务，2014（3）.

［17］国家信息中心网络政府研究中心，中国信息协会电子政务专业委员会. 权威机构首度发布基于用户体验的政府网站发展数据报告［J］. 电子政务，2014（2）.

[18] 翟云．整体政府视角下政府治理模式变革研究：以浙、粤、苏、沪等省级“互联网+政务服务”为例 [J]. 电子政务，2019 (10).

[19] 郑跃平，黄博涵．“互联网+政务”报告（2016）：移动政务的现状与未来 [J]. 电子政务，2016 (9).

[20] 国家发展改革委体管所社会调查课题组，赵雷．社区治理创新助力社区提高治理水平：成都市“互联网+社区治理”情况调研 [J]. 中国经贸导刊，2019 (1).

[21] 苏云，袁铮．基于“互联网+”思维的社区治理研究 [J]. 社科纵横，2019，34 (8).

[22] 何明升．中国网络治理的定位及现实路径 [J]. 中国社会科学，2016 (7).

[23] 李佳婧．“互联网+”社会治理在城市社区的运行及其困境：以南京市江宁区为例 [J]. 现代管理科学，2018 (11).

[24] 熊兢．社区治理的“互联网+”模式创新研究：以宁波海曙区为例 [J]. 现代经济信息，2017 (22).

[25] 刘艳华．“互联网+”与城市社区治理创新 [J]. 人民论坛，2017 (14).

[26] 张化冰．中国互联网治理的困局与逻辑重构 [J]. 学术研究，2017 (12).

[27] 郑磊，熊久阳，吕文增．“上海发布”政务微信研究：前台运营与后台管理 [J]. 电子政务，2016 (1).

[28] 韩兆柱，何雷．中国城市社区治理云服务发展与运用研究 [J]. 学习论坛，2014，30 (5).

[29] 孙璇．网络新媒体时代社区主体治理的“草根实践”与治理体系构建 [J]. 江汉大学学报（社会科学版），2017，34 (6).

[30] 张琼，齐源．网络治理视阈下城市社区治理创新的整合逻辑与运作策略［J］．桂海论丛，2016，32（4）．

[31] 宋煜．社区治理视角下的社区社会组织信息化问题研究［J］．学习与实践，2014（9）．

[32] 高秉雄，张江涛．公共治理：理论缘起与模式变迁［J］．社会主义研究，2010（6）．

[33] 于文轩，许成委．中国智慧城市建设的技术理性与政治理性：基于147个城市的实证分析［J］．公共管理学报，2016，13（4）．

[34] 邱泽奇，张樹沁，刘世定，等．从数字鸿沟到红利差异：互联网资本的视角［J］．中国社会科学，2016（10）．

[35] 钱丽，王永，黄海，等．"互联网+政务"服务公众采纳模型的研究［J］．情报科学，2016（10）．

[36] 韩升，方雷．新媒体时代社会治理的政治哲学分析：以实现公共生活的优化为视角［J］．社会主义研究，2016（5）．

[37] 朱江丽．新媒体推动公民参与社会治理：现状、问题与对策［J］．中国行政管理，2017（6）．

[38] 袁浩，谢可心，王体基．城市居民的互联网行为对城市居民社区参与的影响［J］．城市问题，2019（4）．

[39] 田先红，张庆贺．新时代的互联网与基层社区治理：机遇、挑战与超越［J］．湖北社会科学，2018（1）．

[40] 王路遥．英格尔哈特后物质主义理论解读［J］．政治思想史，2014，5（3）．

[41] 李路路，范文．物质与精神兼顾的世俗主义：当代中国人的生活价值观［J］．社会科学战线，2016（1）．

[42] 林滨，江虹．新时代社会主要矛盾转变与美好生活的价值取

向：基于后物质主义理论视角［J］. 学习论坛，2019（4）.

［43］高秉雄，林大祥. 英格尔哈特的代际价值观转变理论及其对政治文化理论发展的贡献［J］. 社会主义研究，2019（1）.

［44］韩瑞波. 理解价值观变迁：理论、方法及其当代意义［J］. 理论与改革，2018（1）.

［45］马亮. 中国农村的“互联网+政务服务”：现状、问题与前景［J］. 电子政务，2018（5）.

［46］范逢春. 改革开放以来的社会治理创新：一个伟大进程［J］. 人民论坛·学术前沿，2019（3）.

［47］马亮. 电子政务使用如何影响公民信任：政府透明与回应的中介效应［J］. 公共行政评论，2016，9（6）.

［48］吴晓林，郝丽娜. “社区复兴运动”以来国外社区治理研究的理论考察［J］. 政治学研究，2015（1）.

（三）其他

［1］邓朝华. 移动服务用户采纳模型及其实证研究［D］. 武汉：华中科技大学，2008.

［2］梁乙凯. 电子政务云服务采纳、吸收及其价值影响机制研究［D］. 济南：山东大学，2017.

［3］陈美. 中国政府网站服务体系重构研究［D］. 武汉：武汉大学，2015.

［4］樊清. 后现代公共行政理论之公共能量场及其适用性［C］//《中国社会科学研究论丛》编辑部. 中国社会科学研究论丛 2014 卷第 4 辑. 武汉：武汉大学出版社，2014.

二、英文文献

（一）专著

[1] URBACH N, MÜLLER B. The Updated DeLone and McLean Model of Information Systems Success [M] // DWIVEDI Y, WADE M, XCHNEBERGER S. Information Systems Theory: Explaining and Predicting Our Digital Society, Vol, 1. New York: Springer, 2011.

[2] KOLIBA C J, MEEK J W, ZIA A, et al. Governance Networks in Public Administration and Public Policy [M]. New York: Routledge, 2011.

（二）期刊

[1] ODED N, MOR N, CHEN Y. Analysis of participation in an online photo - sharing community: A multidimensional perspective [J]. Journal of the American Society for Information Science and Technology, 2009 (10).

[2] CHESHIRE C A. The social psychological effects of feedback on the production of Internet information pools [J]. Journal of Computer-Mediated Communication, 2008 (13).

[3] BATEMAN P Y, GRAY P H, BUTLER B S. Research Note: The Impact of Community Commitment on Participation in Online Communities [J]. Information Systems Research, 2010 (1).

[4] HUANG Y, CHEN J. The Impact of Technological Diversity and Organizational Slack on Innovation [J]. Technovation, 2010, 30 (7).

[5] NEIROTTI P, DEMARCO A, CAGLIANO A C, et al. Current Trends in Smart City Initiatives: Some Stylised Facts [J]. Cities, 2014, 38 (5).

[6] AVELLANEDA C. Government Performance and Chief Executives Intangible Assets: Motives, Networking, and Capacity [J]. Public Management Review, 2016, 18 (6).

[7] WANG H W, WANG S H. User Acceptance of Mobile Internet Based on the Unified Theory of Acceptance and Use of Technology: Investigating the Determinants and Gender Differences [J]. Social Behavior & Personality: An International Journal, 2010, 38 (3).

[8] SHAREEFA M A, KUMAR V, KUMAR U, et al. E-Government Adoption Model (GAM): Differing Service Maturity Levels [J]. Government Information Quarterly, 2011, 28 (1).

[9] PARAG Y, HAMILTON J, WHITE V, et al. Network approach for local and community governance of energy: The case of Oxfordshire [J]. Energy Policy, 2013, 62.

[10] CHRIS S, NAVDEEP M, MIKE S. The Public Governance of Collaborative Spaces: Discourse, Design and Democracy [J]. Public Administration, 2005 (8).

[11] LEAN O K, ZAILANI S, RAMAYA T, et al. Factors Influencing Intention to Use E-Government Services Among Citizens in Malaysia [J]. International Journal of Information Management, 2009, 29 (6).

[12] HUNG S Y, CHANG C M, KUO S R. User Acceptance of Mobile E-Government Services: An Empirical Study [J]. Government Information Quarterly, 2013, 30 (1).

[13] ERIK-HANS K, BRAM S, JURIAN E. The Impact of Network Management on Outcome in Governance Networks [J]. Public Administration, 2010, 88 (4).

[14] DANIELA C, JOSIP M M. Governance, management and performance in public networks: How to be successful in shared-governance networks [J]. Journal of Management & Governance, 2014 (10).

[15] LECY J D, MERGEL I A, SCHMITZ H S. Networks in Public Administration: Current Scholarship in Review [J]. Public Management Review, 2014, 16 (5).

[16] NILS W, PIETER B. Platform business models for smart cities: from control and value to governance and public value [J]. IEEE Communications Magazine, 2013 (6).